LE STANDARD POUR LA GESTION DES RISQUES DES PORTEFEUILLES, DES PROGRAMMES ET DES PROJETS

Library of Congress Cataloging-in-Publication Data

Names: Project Management Institute,
Title: Le Standard pour la gestion des risques des portefeuilles, des programmes et des projets.
Description : Newtown Square : Project Management Institute, Inc., 2019 I Inclut
les références bibliographiques et l'index.
Identifiants : LCCN 2019009876I ISBN 9781628255652 (paperback) I ISBN
9781628255669 (ePub) I ISBN 9781628255676 (kindle) I ISBN 9781628255683
(web pdf)
Domaines : LCSH : Management de projet. I Gestion des risques–Standards. I BISAC :
GESTION ET ÉCONOMIE / Management de projet.
Classification : LCC HD69.P75 S7374 2019 I DDC 658.4/04--dc23
Registre de la LC disponible à l'adresse https://lccn.loc.gov/2019009876

ISBN: 978-1-62825-742-7

Publié par :
Project Management Institute, Inc.
14 Campus Boulevard
Newtown Square, Pennsylvania 19073-3299 États-Unis
Téléphone : +610-356-4600
Fax : +610-356-4647
Email : customercare@pmi.org
Site Internet : www.PMI.org

Pour passer une commande ou demander des informations sur les prix, merci de contacter l'Independent Publishers Group :
Independent Publishers Group
Order Department
814 North Franklin Street
Chicago, IL 60610 États-Unis
Téléphone : +1 800-888-4741
Fax : +1 312-337-5985
Email : orders@ipgbook.com (pour les commandes uniquement)

Pour toute autre demande, merci de contacter le PMI Book Service Center.
PMI Book Service Center
P.O. Box 932683, Atlanta, GA 31193-2683 USA
Téléphone : 1-866-276-4764 (aux États-Unis ou au Canada) ou +1-770-280-4129 (ailleurs)
Fax : +1-770-280-4113
Email : info@bookorders.pmi.org

Le papier utilisé pour imprimer cet ouvrage est conforme au « Permanent Paper Standard » émis aux États-Unis par la « National Information Standards Organization » (Z39.48—1984).

10 9 8 7 6 5 4 3 2 1

NOTE DE L'ÉDITEUR

Les publications de standards et de documents d'orientation du Project Management Institute, Inc. (PMI), dont le présent ouvrage, sont élaborées par un processus de développement de standards par lequel des bénévoles parviennent à un consensus. Ce processus, qui rassemble des participants bénévoles, recherche également les points de vue de personnes intéressées par le sujet de cet ouvrage. Si le PMI assure l'administration du processus et fixe les règles qui permettent de promouvoir l'équité dans l'approche d'un consensus, il ne se charge ni de rédiger le document, ni de tester, d'évaluer ou de vérifier indépendamment l'exactitude ou l'exhaustivité des informations présentées, pas plus que la solidité des jugements exprimés dans ses publications de standards et de directives.

Le PMI décline toute responsabilité en cas de dommages corporels, matériels ou autres de quelque nature que ce soit, particuliers, indirects, accessoires ou compensatoires, résultant de la publication, de l'application ou de la confiance accordée au présent ouvrage. Le PMI n'émet aucune garantie expresse ou implicite quant à l'exactitude ou à l'exhaustivité de toute information publiée dans le présent ouvrage, et ne garantit aucunement que les informations contenues dans cet ouvrage satisfassent à un quelconque objectif ou besoin spécifique du lecteur. Le PMI ne garantit pas non plus les performances de produits ou de services d'un fabricant ou d'un vendeur par la seule vertu de ce standard ou de ce guide.

En éditant le présent ouvrage et en le rendant public, il n'est pas dans l'intention du PMI de fournir des services professionnels ou de tout autre type au nom de quelque personne physique ou morale que ce soit, ni pour son compte, ni de répondre à un devoir qui incombe à une autre personne physique ou morale au bénéfice d'un tiers. Toute personne utilisant le présent ouvrage devrait s'appuyer sur son propre jugement indépendant ou, lorsque cela s'avère approprié, faire appel aux conseils d'un spécialiste compétent afin de déterminer comment exercer une prudence raisonnable en toute circonstance. D'autres sources des informations et d'autres standards concernant le sujet couvert par le présent ouvrage pourraient exister et le lecteur pourra choisir de les consulter pour obtenir des points de vue ou des informations supplémentaires qui ne seraient pas couverts dans la présente publication.

Le PMI ne dispose d'aucun pouvoir pour faire respecter la conformité au contenu du présent ouvrage, et ne s'engage nullement à surveiller ni à faire respecter une telle conformité. Le PMI n'exerce aucune activité de certification, de test ni d'inspection de produits, de conception ou d'installation relatifs à la santé ou à la sécurité des personnes et des biens. Toute certification ou autre déclaration de conformité avec des informations relatives à la santé ou à la sécurité des personnes et des biens, mentionnée dans le présent ouvrage, ne peut aucunement être attribuée au PMI et demeure sous l'unique responsabilité de la personne ou de l'organisme qui la certifie ou la déclare.

TABLE DES MATIÈRES

LISTE DES TABLEAUX ET FIGURES

1

INTRODUCTION

Un risque est un événement ou une condition probable dont l'occurrence aurait un impact positif ou négatif sur un ou plusieurs objectifs. Les risques positifs sont perçus comme des opportunités, tandis que les risques négatifs sont considérés comme des menaces.

La gestion des risques inclut la planification de l'approche, l'identification et l'analyse des risques, la planification et l'exécution des réponses, ainsi qu'une maîtrise continue des risques. Elle représente un aspect essentiel de toutes les activités de l'organisation. Le présent standard décrit l'application de la gestion des risques dans le cadre de la gestion des risques d'entreprise comprenant les domaines du portefeuille, du programme et du projet. La gestion des risques oriente les processus décisionnels au sein de l'organisation et dans chacun des domaines.

La réussite ou l'échec dépend de la manière dont cette pratique est appliquée. Selon le rapport *Pulse of the Profession®* publié en 2015 par PMI, les projets des organisations ayant adopté une approche formelle de la gestion des risques ont pour 73 % atteint leurs objectifs, pour 61 % été achevés dans les délais et pour 64 % été menés sans dépassement du budget approuvé [1].[1]

Grâce à la gestion des risques, une organisation peut :

- anticiper et gérer le changement ;
- améliorer sa prise de décision ;
- mener des actions préventives au coût généralement plus faible plutôt qu'une réponse plus coûteuse aux points à traiter ;
- augmenter les chances de saisir des opportunités ;
- susciter une large prise de conscience de l'incertitude des résultats ;
- s'adapter aux transformations de son environnement ;
- soutenir son agilité et sa résilience.

Par ailleurs, la gestion des risques établit des liens itératifs entre les portefeuilles, les programmes et les projets, puis les relie à la gestion des risques d'entreprise et à la stratégie de l'organisation.

[1] Les nombres entre crochets renvoient à la liste des références qui se trouve à la fin de ce standard.

1.1 OBJECTIF DU STANDARD

Ce standard décrit les concepts et les définitions associés à la gestion des risques. Il met en lumière les principaux éléments de la gestion des risques à intégrer aux différents niveaux de gouvernance des portefeuilles, des programmes et des projets avec les objectifs suivants :

- décrire les notions fondamentales de la gestion des risques ;
- soutenir les objectifs et démontrer le lien avec la gestion des risques d'entreprise ;
- appliquer les principes de la gestion des risques, le cas échéant, aux domaines du portefeuille, du programme et du projet, tel que décrit dans les standards de base de PMI.

Ce document répond à un besoin de fournir un standard en matière de gestion des risques dans le management de portefeuille, de programme et de projet qui définit les objectifs essentiels des responsables de la gestion des risques. Il décrit les connaissances en gestion des risques dans les sections correspondantes des standards fondamentaux de PMI.

Ce standard peut être utilisé pour harmoniser les pratiques entre la gestion des risques d'entreprise et le management de portefeuille, de programme et de projet, indépendamment de l'approche du cycle de vie utilisée.

PMI s'engage à mettre à disposition des standards internationaux largement reconnus et adoptés uniformément par les organisations et les professionnels. Les organisations exigent de plus en plus que les professionnels aient recours à la gestion des risques dans le management de portefeuille, de programme et de projet comme partie intégrante de leur cadre de gestion des risques d'entreprise.

1.2 APPROCHE DU STANDARD

Ce standard présente la *nature* et la *justification* de la gestion des risques. Il comprend les concepts suivants :

- le but et les avantages de la gestion des risques ;
- les principes et les concepts de la gestion des risques des portefeuilles, des programmes et des projets ;
- le cycle de vie de la gestion des risques des portefeuilles, des programmes et des projets ;
- l'intégration de la gestion des risques aux portefeuilles, aux programmes et aux projets.

Ce standard indique comment intégrer les pratiques de gestion des risques à tous les principaux domaines du management d'entreprise, de portefeuille, de programme et de projet. La gestion des risques doit faire partie intégrante de tous les domaines de management. Ce standard entend donner des conseils et non imposer une uniformité des processus au niveau des portefeuilles, des programmes et des projets. Lors de la planification et de la mise en œuvre de la gestion des risques, chaque équipe doit tenir compte des caractéristiques de l'organisation, du portefeuille, du programme ou du projet. L'approche présentée dans ce standard se fonde sur les principes de la gestion des risques à utiliser comme des orientations lors de l'élaboration de processus de gestion ou d'entreprise spécifiques adaptés à l'environnement organisationnel et à la nature du travail.

1.3 PRINCIPES DE LA GESTION DES RISQUES

Le processus de gestion des risques repose sur des principes de base bien précis. Les sept principes décrits dans les sections 1.3.1 à 1.3.7 orientent les processus de gestion des risques. Ils font partie intégrante d'une gestion des risques efficace.

1.3.1 VISER L'EXCELLENCE DANS LA GESTION DES RISQUES

La gestion des risques permet aux organisations et aux équipes d'accroître la prévisibilité des résultats, tant d'un point de vue qualitatif que quantitatif. Ce principe consiste à atteindre le niveau approprié de maturité des processus organisationnels (c'est-à-dire la capacité d'une organisation à appliquer un certain ensemble de processus de manière cohérente) et le niveau optimal de performance. L'excellence en matière de gestion des risques ne passe pas par l'application stricte et exhaustive des processus associés. Au contraire, elle nécessite un équilibre entre les bénéfices à retirer et le coût associé, ainsi qu'une adaptation des processus de gestion des risques aux caractéristiques de l'organisation et de ses portefeuilles, programmes et projets. Cette excellence est une stratégie de gestion des risques en soi.

1.3.2 ALIGNER LA GESTION DES RISQUES SUR LA STRATÉGIE ET LES PRATIQUES DE GOUVERNANCE DE L'ORGANISATION

À l'échelle de l'organisation, la gestion des risques est mise en place et évolue parallèlement à d'autres processus organisationnels, comme la stratégie et la gouvernance. La nature des portefeuilles, des programmes et des projets est telle que les circonstances peuvent changer fréquemment. Des ajustements s'imposent à mesure que l'organisation évolue, par exemple, lorsque des changements sont apportés aux processus, à la période, au périmètre et à la vitesse de prise de décision.

1.3.3 SE CONCENTRER SUR LES RISQUES LES PLUS IMPORTANTS

Les organisations qui réussissent sont capables d'identifier efficacement les risques ayant une influence directe sur les objectifs. Le défi pour la plupart d'entre elles est d'utiliser au mieux leurs ressources en se concentrant sur les risques appropriés. Tout ceci dépend de leurs caractéristiques, environnement, maturité interne, culture et stratégie. Déterminer les risques les plus importants peut s'avérer une tâche difficile. Les organisations établissent et améliorent leurs processus de hiérarchisation des risques.

1.3.4 ÉQUILIBRER CRÉATION DE VALEUR ET RISQUES GLOBAUX

La gestion des risques tend à chercher le bon équilibre entre l'exposition au risque et la création de la valeur commerciale attendue. Les initiatives ayant un faible niveau de risque ne créent pas suffisamment de valeur et de performance. Au contraire, les initiatives dont les performances attendues sont élevées peuvent exposer l'organisation à un niveau de menace inacceptable.

1.3.5 PROMOUVOIR UNE CULTURE DE GESTION DES RISQUES

La gestion des risques fait partie intégrante du cadre de management de portefeuille, de programme et de projet. Cette pratique est diffusée, reconnue et encouragée à l'échelle de l'organisation. Une culture de gestion des risques encourage à identifier les menaces au lieu de les ignorer, mais aussi à repérer les opportunités en développant un état d'esprit positif au sein de l'organisation ; un état d'esprit plus ouvert à accepter et à embrasser les changements positifs ayant une influence sur les diverses initiatives.

1.3.6 AFFRONTER LA COMPLEXITÉ GRÂCE À LA GESTION DES RISQUES AFIN D'OBTENIR DE BONS RÉSULTATS

La gestion des risques constitue un aspect essentiel de la réduction et de la gestion de la complexité dans le cadre des initiatives de l'organisation. La capacité à identifier et à gérer les risques dépend directement du niveau de complexité des initiatives. La concentration des efforts sur la clarification des objectifs, des exigences et du périmètre des initiatives facilite l'identification des risques et accroît la capacité à les gérer, réduisant ainsi l'exposition de ces initiatives à des situations imprévues. Plus les organisations affrontent la complexité en s'appuyant sur la gestion des risques, plus elles seront à même d'optimiser l'utilisation des ressources, d'accroître le retour sur investissement, mais aussi d'améliorer les performances et les résultats globaux.

1.3.7 AMÉLIORER CONSTAMMENT LES COMPÉTENCES EN GESTION DES RISQUES

La nature des risques auxquels une organisation est exposée, ainsi que la technologie disponible pour les gérer évoluent. Aidée de la technologie, une organisation gère plus efficacement les risques et se concentre mieux sur leurs impacts. Grâce à l'amélioration continue des compétences en gestion des risques, les organisations et les personnes peuvent tirer des avantages concurrentiels durables contribuant à leur performance globale.

1.4 STRUCTURE DU STANDARD

Le présent standard permet de passer en revue les processus de management de portefeuille, de programme et de projet du point de vue de la gestion des risques. Il est organisé comme suit :

Section 1. Introduction

Section 2. Contexte et concepts clés de la gestion des risques

Section 3. Cadre de la gestion des risques dans le management de portefeuille, de programme et de projet

Section 4. Cycle de vie de la gestion des risques dans le management de portefeuille, de programme et de projet

Section 5. Gestion des risques dans le contexte du management de portefeuille

Section 6. Gestion des risques dans le contexte du management de programme

Section 7. Gestion des risques dans le contexte du management de projet

Annexe X1. Élaboration du *Standard pour la gestion des risques des portefeuilles, des programmes et des projets*

Annexe X2. Contributeurs et réviseurs du *Standard pour la gestion des risques des portefeuilles, des programmes et des projets*

Annexe X3. Maîtrise de la gestion des risques des portefeuilles

Annexe X4. Maîtrise de la gestion des risques des programmes

Annexe X5. Maîtrise de la gestion des risques des projets

Annexe X6. Techniques intégrées au cadre de gestion des risques

Annexe X7. Considérations relatives à la gestion des risques d'entreprise pour la gestion des risques du portefeuille, du programme et du projet

Annexe X8. Classification des risques

2

CONTEXTE ET CONCEPTS CLÉS DE LA GESTION DES RISQUES

Les risques sont inhérents à toute organisation. Ils peuvent entraîner des difficultés mais aussi offrir un avantage concurrentiel à condition de gérer les menaces et les opportunités de façon proactive. La gestion des risques fixe un cadre complet et intégré qui permet de traiter les risques à tous les niveaux de l'organisation, allant des portefeuilles aux programmes, aux projets et aux opérations.

2.1 CONCEPTS CLÉS ET DÉFINITIONS

Toute organisation est exposée à l'incertitude d'événements internes et externes. Pour faire face à l'incertitude des difficultés actuelles et à venir, il est nécessaire d'élaborer et d'appliquer une stratégie d'entreprise solide visant à réaliser des objectifs et à gérer les risques. La gestion des risques donne un aperçu des risques à prendre en considération afin d'atteindre ces objectifs et tire profit d'opportunités qui, lorsqu'elles se présentent, sont des bénéfices.

2.1.1 LE RISQUE

Un risque individuel est un événement ou une condition probable dont l'occurrence aurait un impact positif ou négatif sur un ou plusieurs objectifs. Le risque global se définit comme l'effet de l'incertitude sur les objectifs de l'organisation à différents niveaux ou aspects. Toutes les sources d'incertitude, notamment les risques individuels dans les domaines du portefeuille, du programme et du projet, peuvent engendrer des risques. Ces risques représentent l'exposition de l'organisation et de ses parties prenantes aux conséquences de l'incertitude sur la réalisation de la stratégie et des objectifs de l'organisation. Dès lors qu'il se manifeste, le risque est géré à travers les différents niveaux de gouvernance (entreprise, portefeuille, programme et projet) par l'obtention de résultats.

L'incertitude est inhérente à la nature des portefeuilles, des programmes et des projets. Le risque découle de l'incertitude et en crée. Plus on identifie de risques, plus l'incertitude est grande. L'ambiguïté est l'un des principaux facteurs qui déterminent la capacité à identifier des risques. Ainsi, lorsque l'ambiguïté est faible, le niveau d'information disponible est élevé et permet d'identifier les risques. Les activités de gestion des risques sont motivées par l'appréciation et l'évaluation ouverte dont les facteurs sont l'incertitude et l'ambiguïté. Les appréciations et les évaluations ouvertes déterminent la bonne stratégie de gestion des risques à adopter, ainsi que la façon de les gérer au niveau des cycles de vie du management de portefeuille, de programme et de projet, des itérations de ces cycles de vie et de leurs interactions.

2.1.2 LES OPPORTUNITÉS

Les opportunités sont des risques qui ont un impact positif sur un ou plusieurs objectifs. Leur gestion contribue à identifier et à comprendre les moyens d'atteindre des objectifs plus efficacement.

Pour aller au-delà de la perception traditionnelle du risque comme destructeur de valeur et le considérer, au contraire, comme un amplificateur potentiel de valeur, il faut de la créativité et une vision, mais aussi un système qui permet à ces opportunités de se présenter et d'assurer la réussite de l'organisation.

Un système cohérent de management de portefeuille, de programme et de projet contribue à :

- identifier et évaluer les opportunités qui sont souvent liées ;
- améliorer la capacité de l'organisation à accepter et à saisir des opportunités.

2.1.3 LES MENACES

Les menaces sont des risques qui auraient un impact négatif sur un ou plusieurs objectifs. Leur gestion consiste à utiliser les ressources de la gestion des risques pour :

- décrire les risques ;
- analyser les attributs du risque ;
- évaluer la probabilité d'occurrence des risques et leur impact, ainsi que d'autres caractéristiques ;
- mettre en place une réponse planifiée, si nécessaire.

Tout comme la gestion des opportunités, la gestion des menaces est un processus composé de plusieurs étapes. Ces deux pratiques reposent sur un cadre de cycle de vie structuré garantissant un processus solide et complet, tel que décrit à la section 4. Toute menace qui se produit est un point à traiter qui figure dans le journal correspondant.

2.1.4 L'ATTITUDE FACE AU RISQUE

L'attitude face au risque est une disposition explicite ou implicite de personnes et de groupes vis-à-vis de l'incertitude, guidée par une perception et révélée par un comportement observable. Elle représente l'approche choisie par une organisation pour évaluer et, à terme, rechercher, retenir, accepter ou rejeter le risque. Il existe différentes attitudes face au risque allant de l'aversion au risque à la prise de risque.

Les organisations cherchent à établir une méthode cohérente d'évaluation et de réponse au risque à l'échelle de l'entreprise. Cette cohérence est impossible lorsque les personnes adoptent des attitudes différentes ou contradictoires face au risque, qui varient en fonction des circonstances.

Pour résumer, l'attitude face au risque est une préférence d'une personne ou d'un groupe à évaluer une situation de risque de façon favorable ou défavorable et à agir en conséquence. Cependant, les attitudes face au risque ne sont pas nécessairement stables ou homogènes.

2.1.5 L'APPÉTENCE AU RISQUE

L'appétence au risque est le degré d'incertitude qu'une organisation ou une personne est disposée à accepter dans l'anticipation d'un avantage. Elle oriente la gestion du risque et les paramètres sur lesquels l'organisation s'appuie pour décider ou non de prendre des risques. Par ailleurs, elle définit les types de risques recherchés par l'organisation.

La détermination de l'appétence au risque représente le point de départ de l'acceptation du risque. La figure 2-1 illustre la relation entre l'appétence au risque et son influence directe sur la stratégie d'entreprise, sur le cadre de gestion des risques, ainsi que sur la politique et les processus sous-jacents. La détermination de l'appétence au risque qui en résulte définit l'ampleur et le type de risque que l'organisation est prête à prendre pour atteindre ses objectifs stratégiques.

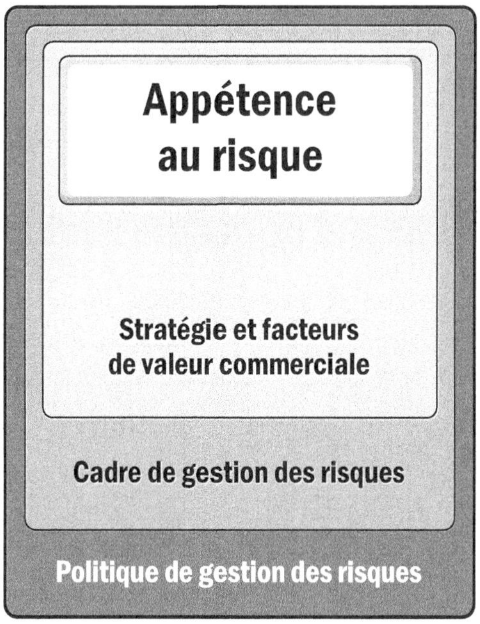

Figure 2-1. Appétence au risque et lien avec la stratégie de l'organisation.

L'appétence au risque exprime le niveau de risque que l'organisation est disposée à prendre en vue d'atteindre les objectifs des portefeuilles, des programmes et des projets. Le risque du portefeuille, du programme et du projet n'est pas un concept singulier, mais multidimensionnel.

Les risques auxquels les organisations sont confrontées sont proportionnels à leurs croissance, expansion et évolution. Le type, l'importance et l'appétence pour les risques évoluent à différents moments du cycle de vie d'une organisation, ainsi que durant le cycle de vie de ses programmes et ses projets.

2.1.6 LE SEUIL DE RISQUE

Le seuil de risque est la mesure de l'écart acceptable vis-à-vis d'un objectif qui reflète l'appétence au risque de l'organisation et de ses parties prenantes. La fixation et le suivi des seuils de risque de l'entreprise, du portefeuille, du programme et du projet constituent des éléments clés de la stratégie de risque. Parmi les exemples de seuils de risque figurent :

- le niveau minimum d'exposition pour un risque à inscrire dans le registre des risques ;
- les définitions qualitatives et quantitatives de l'évaluation des risques ;
- le niveau maximum d'exposition aux risques qui peut être géré avant une escalade.

La fixation des seuils de risque est une étape essentielle d'une planification précoce afin d'établir un lien entre la gestion des risques du portefeuille, du programme et du projet, d'une part, et l'alignement stratégique, d'autre part. En fonction de l'appétence au risque de l'organisation, la gouvernance peut également être chargée de garantir la définition et le respect des seuils de risque, mais aussi de déterminer si le risque doit être escaladé à un niveau supérieur.

2.2 GESTION DES RISQUES AU SEIN DE L'ORGANISATION

L'instance de gouvernance de l'organisation est chargée, en dernier ressort, de définir, de confirmer et de faire respecter les principes d'appétence au risque et de gestion des risques dans le cadre du contrôle de la gouvernance. Elle détermine également les processus de gestion des risques appropriés en termes de stratégie d'entreprise, de périmètre, de contexte et de contenu.

La fonction de gestion des risques d'entreprise s'exerce souvent au niveau de la direction générale du fait de la relation directe qui existe entre l'atteinte des objectifs stratégiques et l'utilisation d'un processus de gestion des risques efficace.

Lors de l'évaluation de la gravité d'un risque ou d'une combinaison de risques, l'incertitude et l'impact sur les initiatives ou les objectifs sont pris en considération. En général, la dimension de l'incertitude est décrite comme une *probabilité*, tandis que l'effet est appelé *impact*.

La définition du risque comprend des événements distincts qui, bien qu'incertains, peuvent être décrits clairement, mais aussi des conditions plus générales qui peuvent également être sources d'incertitude.

Cette définition englobe également les événements incertains susceptibles d'avoir un impact négatif ou positif sur les objectifs. Ces situations incertaines sont considérées comme des risques lorsqu'elles ont un impact négatif ou positif sur l'atteinte des objectifs. Elles doivent être abordées dans le cadre d'un processus de gestion des risques de l'entreprise, du portefeuille, du programme et du projet. Le traitement conjoint des menaces et des opportunités (en analysant ensemble les menaces et les opportunités et en coordonnant les réponses lorsque ces deux catégories se recoupent) favorise les synergies et les gains d'efficacité.

Il est important de distinguer les risques des caractéristiques qui leur sont associées. Les causes sont des événements ou des circonstances, qui existent ou existeront avec certitude à l'avenir, susceptibles de générer des risques. Les impacts sont des conditions ou des événements futurs qui influencent directement un ou plusieurs objectifs lorsque leurs risques associés se produisent.

Un risque peut avoir une ou plusieurs causes et, s'il survient, un ou plusieurs impacts. Lorsqu'un événement à risque se produit, le risque cesse d'être incertain. Les menaces sont considérées comme des points à traiter, tandis que les opportunités sont des bénéfices pour l'entreprise. Les chefs de portefeuille, de programme et de projet sont chargés de résoudre ces points à traiter de manière efficace. Les points à traiter peuvent nécessiter des actions hors du périmètre du processus de gestion des risques du portefeuille, du programme et du projet. Dans ce cas, ils sont escaladés à un échelon plus élevé de la direction, conformément à la politique de gouvernance de l'organisation.

2.3 DOMAINES DE LA GESTION DES RISQUES

La gestion des risques est un cadre intégré qui s'étend sur plusieurs niveaux de l'organisation. Outre les prévisions, cette discipline a pour but de développer les moyens de soutenir l'atteinte des objectifs de l'organisation, de concrétiser sa vision stratégique et de créer de la valeur.

La gestion des risques a une grande influence sur la prise de décision aux niveaux de l'entreprise, du portefeuille, du programme et du projet. À l'échelle de l'entreprise, la stratégie représente l'ensemble des actions de management stratégique et organisationnel visant à faire face aux menaces et à saisir les opportunités. Ces décisions et actions sont souvent prises dans le cadre des composantes individuelles du portefeuille, à savoir les programmes, les projets et les opérations.

Les différentes perceptions et perspectives de la gestion des risques dans les domaines du management de portefeuille, de programme et de projet se complètent de manière itérative, interactive et dynamique. Les risques peuvent être liés entre eux, dépendants les uns des autres et interagir par le biais de boucles de rétroaction (voir la figure 2-2). Les sections 5, 6 et 7 décrivent plus précisément cette interaction.

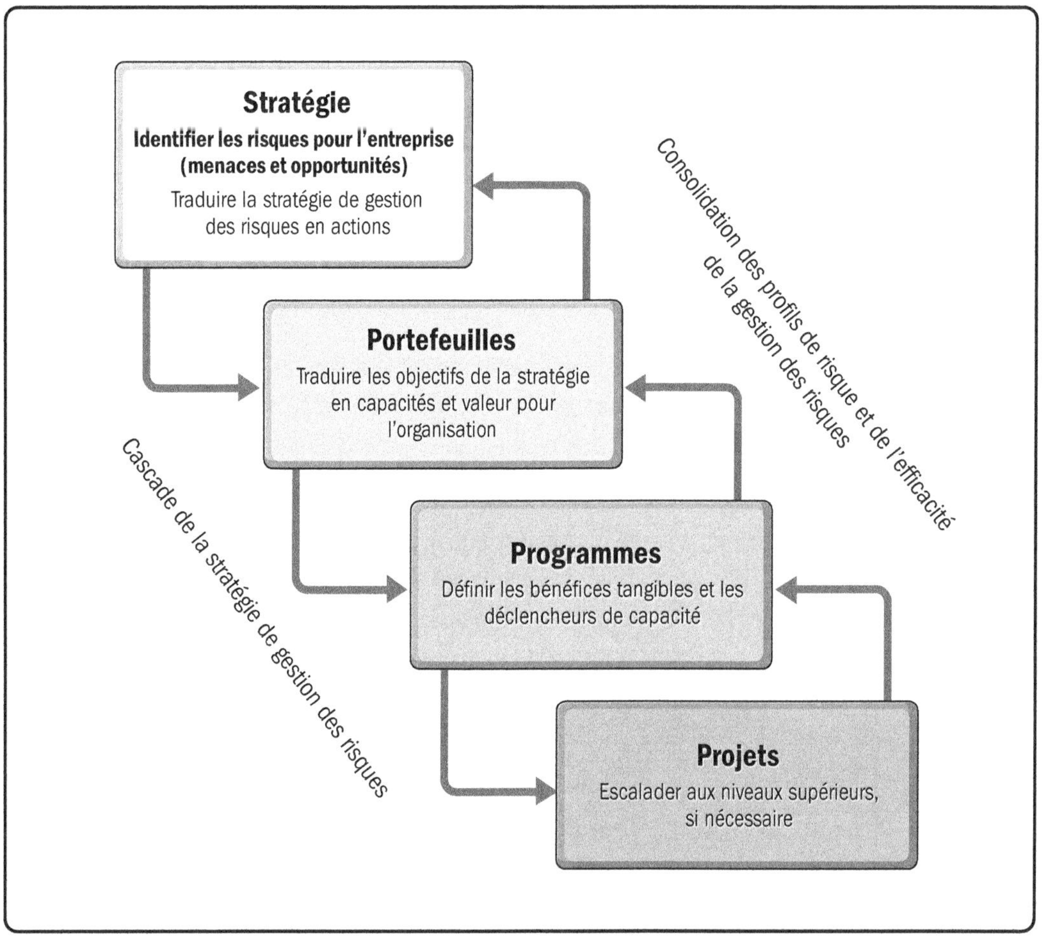

Figure 2-2. Cascade de la stratégie de gestion des risques des portefeuilles, des programmes et des projets.

2.3.1 L'ENTREPRISE

La gestion des risques doit avant tout créer de la valeur et la préserver. La gestion des risques d'entreprise est une approche qui consiste à identifier les principaux risques auxquels est confrontée une organisation et à prévoir leur incidence sur les processus. La culture, la capacité et la stratégie de création et de préservation de la valeur de l'organisation se reflètent dans la façon dont ces risques sont gérés. La gestion des risques d'entreprise traite les risques au niveau de l'organisation, y compris l'ensemble de tous les risques associés au portefeuille de programmes et de projets de l'entreprise.

Lors de l'étude des différentes stratégies, elle permet d'aligner les composants du portefeuille, du programme et du projet sur la stratégie de l'organisation. La gestion des risques d'entreprise établit des liens entre les niveaux de gouvernance par l'escalade ascendante des risques identifiés et la définition descendante des stratégies de gestion des risques. Le processus descendant déclenche la création de programmes, de projets et d'autres activités visant à saisir des opportunités spécifiques et à faire face aux menaces.

La gestion des risques d'entreprise comprend une méthode systématique, organisée et structurée pour :

- identifier et évaluer tous les risques auxquels est exposée une organisation ;
- apporter des réponses adaptées ;
- communiquer la situation aux parties prenantes ;
- confier la charge de suivre et de gérer les risques, conformément aux objectifs stratégiques de l'organisation.

La gestion des risques d'entreprise est un processus sur lequel repose le cycle Planifier-Dérouler-Contrôler-Agir pour l'amélioration continue. Elle ne se limite pas aux exigences de conformité et de divulgation, et n'est pas un substitut aux audits et contrôles internes. L'application de la gestion des risques d'entreprise varie en fonction de l'organisation, d'une année sur l'autre selon l'appétence au risque global, les attentes et exigences des parties prenantes, mais aussi l'environnement interne et externe.

Il n'existe pas d'approche universelle. La gestion des risques d'entreprise comprend une fonction, une structure et des activités qui sont propres à chaque organisation. Son but est de garantir que tous les risques organisationnels sont non seulement pris en considération, mais aussi gérés et suivis de manière appropriée.

Dans le contexte du management de portefeuille, de programme et de projet intégré, la gestion des risques comprend :

- l'élaboration du cadre de gouvernance des risques ;
- l'identification des risques opérationnels et contextuels à chaque niveau du cadre de gouvernance intégré, notamment les risques négatifs (menaces) et les risques positifs (opportunités) ;
- l'analyse des risques identifiés à l'aide des analyses qualitative et quantitative et l'identification du meilleur niveau de gouvernance pour leur gestion selon les règles d'escalade en place dans le cadre de management de portefeuille, de programme et de projet ;
- la définition d'une stratégie de gestion des risques appropriée fondée sur l'augmentation de la probabilité ou de l'impact des risques positifs (opportunités) et la diminution de la probabilité ou de l'impact des risques négatifs (menaces) ;
- l'identification du chargé de risque et l'attribution du risque ;
- la mise en œuvre des stratégies et activités correspondantes d'actions d'anticipation ou de réponse ;

- le suivi de l'efficacité des stratégies de gestion des risques déployées dans le cadre de management d'entreprise, de portefeuille, de programme et de projet ;
- la garantie de l'alignement des modèles de gouvernance des risques du management de portefeuille, de programme et de projet sur la stratégie de gestion des risques d'entreprise ;
- la promotion d'une gestion des risques efficace au sein de l'entreprise grâce à la création d'une culture en ce sens.

2.3.2 LE PORTEFEUILLE

La gestion des risques du portefeuille définit les risques comme structurels, liés aux composants et globaux. Les risques structurels sont des risques associés à la composition d'un groupe de projets et aux interdépendances potentielles entre les composants. Les risques liés aux composants du portefeuille sont les risques que le responsable escalade au niveau du portefeuille à titre d'information ou d'action. Les risques globaux du portefeuille tiennent compte des interdépendances entre les composants. Cela représente plus qu'une simple somme des risques individuels liés aux composants. L'efficacité est un élément essentiel de la gestion des risques au niveau du portefeuille. Pour être efficace, il convient d'adapter les composants du portefeuille à l'équilibre risque-gain de telle sorte à pouvoir gérer l'exposition aux risques du portefeuille.

La planification, la conception et la mise en œuvre d'un système de gestion efficace des risques du portefeuille dépendent de la culture de l'organisation, de la participation de la haute direction, de l'engagement des parties prenantes et des processus de communication ouverte et juste. La gestion des risques du portefeuille est indispensable à une bonne gestion des portefeuilles ayant subi une perte de valeur considérable suite à l'échec de composants, ou lorsque les risques d'un composant se répercutent sur les risques d'un autre composant.

D'après la définition de *The Standard for Portfolio Management* [2], la gestion des risques du portefeuille permet à une organisation d'obtenir les meilleurs composants possible en fonction de son modèle et de sa stratégie. Elle peut être perçue comme les activités liées à l'adaptation des composants du portefeuille à l'évolution de l'environnement de l'organisation. À l'instar de la stratégie d'entreprise, le résultat de la stratégie de gestion des risques du portefeuille définit et lance de nouveaux composants ou en clôt d'autres. Les composants du portefeuille peuvent être des réponses aux menaces ou opportunités identifiées, conformément à la stratégie globale de l'organisation.

2.3.3 LE PROGRAMME

La stratégie de gestion des risques du programme consiste à traiter efficacement tout risque susceptible de causer un décalage entre la feuille de route du programme et ses objectifs par rapport à la stratégie de l'organisation. Il s'agit, notamment, de définir les seuils de risque, de réaliser une évaluation initiale des risques et d'élaborer une stratégie de réponse aux risques du programme.

La gestion des risques du programme détermine le mode de communication des risques aux niveaux de gouvernance et stratégiques de l'organisation. Pour obtenir ce niveau d'alignement stratégique, les seuils de risque du programme doivent tenir compte de la stratégie et de l'attitude face au risque de l'organisation. Les risques du programme ne représentent pas uniquement la somme des risques des projets d'un programme. Leur gestion applique les concepts de gestion des risques du portefeuille à l'ensemble des composants du programme.

Le Standard de management de programme [3] décrit la stratégie de gestion des risques du programme comme :

- l'identification des seuils de risque du programme ;
- la réalisation d'une évaluation initiale des risques du programme ;
- l'élaboration d'une stratégie globale de réponse aux risques du programme ;
- le choix du mode de communication et de gestion des risques dans le cadre de la gouvernance.

La gestion des risques du programme regroupe les risques opérationnels des composants activités et projets. De plus, elle traite les risques spécifiques du programme qui dépendent des niveaux de responsabilité définis dans les modèles de gouvernance du portefeuille, du programme et du projet. Au niveau du programme, la perspective quant aux risques est davantage axée sur leur impact plutôt que sur le bénéfice attendu.

2.3.4 LE PROJET

La gestion des risques du projet est un domaine de connaissance du management de projet qui permet d'identifier et de gérer les risques du projet ayant un impact sur le coût, l'échéancier ou les références de base du périmètre.

Le Guide du Corpus des connaissances en management de projet (Guide PMBOK®) [4] décrit ce domaine comme l'ensemble des processus de planification de la gestion des risques, d'identification, d'analyse, de planification des réponses, ainsi que d'exécution des réponses aux risques et de maîtrise des risques dans le cadre d'un projet. Les objectifs de la gestion des risques du projet visent à accroître la probabilité ou l'impact des opportunités mais aussi à réduire la probabilité ou l'impact des menaces, afin d'optimiser les chances de réussite du projet. D'après le Guide *PMBOK®*, lorsqu'ils ne sont pas gérés, ces risques peuvent écarter le projet de son plan et ainsi l'empêcher d'atteindre les objectifs de projet. Par conséquent, l'efficacité de ce domaine dépend directement de la réussite du projet.

La gestion des risques du projet contribue à l'atteinte des objectifs du projet en adaptant ou en mettant en œuvre ses plans d'action et activités de projet afin de tirer profit des changements émergents de son environnement. Les références de base du projet (périmètre, échéancier et coût) tiennent donc compte de ces risques. Tous les risques sont soumis à une analyse qualitative. Pour certains, une analyse quantitative est réalisée dès lors qu'ils influencent la référence de base ou que l'analyse de l'impact combiné de plusieurs risques est requise.

2.4 PRINCIPAUX FACTEURS DE RÉUSSITE

La gestion des risques de l'entreprise (qui inclut le management de projet organisationnel [OPM]), du portefeuille, du programme et du projet est accompli conformément aux pratiques et aux politiques. La gestion des risques du portefeuille, du programme et du projet est également adaptée aux caractéristiques de l'initiative. Les critères spécifiques de réussite des processus de gestion des risques sont décrits dans les sections correspondantes. Ces principaux facteurs de réussite de la gestion des risques, illustrés à la figure 2-3, permettent d'appliquer les principes abordés à la section 1.3.

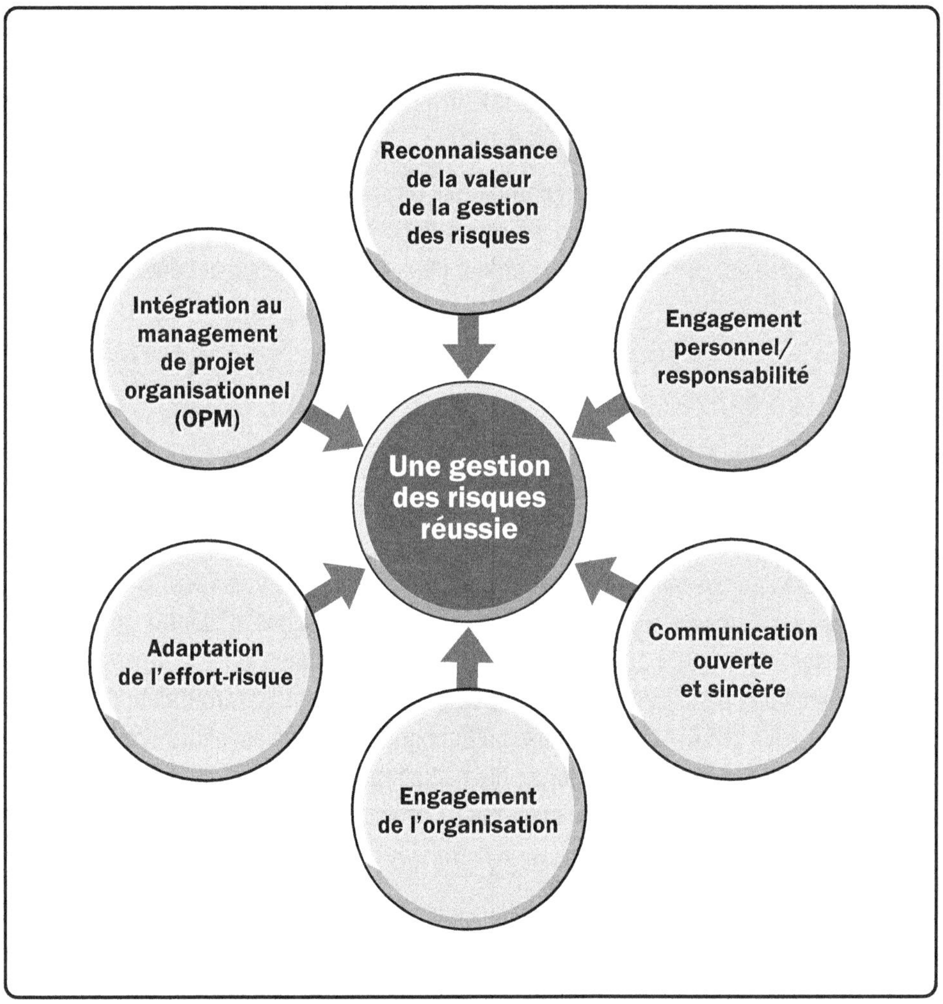

Figure 2-3. Principaux facteurs de réussite de la gestion des risques.

Principaux facteurs de réussite :

- **Valeur reconnue de la gestion des risques.** La direction, les parties prenantes et les membres d'équipe de l'organisation reconnaissent l'importance de la gestion des risques du portefeuille, du programme et du projet dans la mesure où elle garantit un retour sur investissement positif.
- **Engagement personnel/responsabilité.** Les parties prenantes et les participants aux portefeuilles, programmes et projets acceptent de mener des activités liées au risque, le cas échéant. La gestion des risques est la responsabilité de tous.
- **Communication ouverte et sincère.** Tout le monde participe au processus de gestion des risques. Tout acte ou comportement qui entrave la communication des risques nuit à une bonne gestion des risques nécessaire à des approches proactives et à une prise de décision efficace.
- **Engagement de l'organisation.** Une organisation ne peut s'engager que si la gestion des risques est alignée sur ses objectifs, valeurs et politiques en matière de gestion des risques d'entreprise. Les mesures de gestion des risques peuvent nécessiter l'approbation ou une réponse des autres à des niveaux supérieurs au chef de portefeuille, de programme ou de projet.
- **Adaptation de l'effort-risque.** Les activités de gestion des risques correspondent à la valeur de l'initiative de l'organisation ainsi qu'à son niveau de risque, échelle et autres contraintes organisationnelles.
- **Intégration au management de projet organisationnel.** La gestion des risques n'est pas isolée des autres processus de management de projet organisationnel. Une gestion réussie des risques passe par la bonne exécution des processus de management de projet organisationnel et de gestion des risques d'entreprise, y compris l'allocation des ressources nécessaires à une application efficace de la gestion des risques.

3

CADRE DE GESTION DES RISQUES DANS LE MANAGEMENT DE PORTEFEUILLE, DE PROGRAMME ET DE PROJET

Les risques sont présents dans toutes les activités de l'organisation, en particulier au niveau des portefeuilles, des programmes et des projets. L'inertie est risquée, car les produits et les services deviennent obsolètes avec le temps. Une organisation peut perdre sa compétitivité face aux changements sociétaux et technologiques. Les risques peuvent être difficiles à gérer. Ainsi, un risque peut avoir un impact différent sur plusieurs composants de portefeuille et de programme, mais aussi à divers niveaux d'une organisation. Organisations et professionnels doivent équilibrer, d'un côté, les menaces et les opportunités, et, de l'autre côté, les choix d'action ou d'inaction. Cette section aborde ce dilemme en fixant le cadre de la gestion des risques au sein de l'entreprise et des activités de management de portefeuille, de programme et de projet.

3.1 CONTEXTE DE LA GESTION DES RISQUES DANS LE MANAGEMENT DE PORTEFEUILLE, DE PROGRAMME ET DE PROJET

Les organisations sont toutes exposées à des facteurs internes et externes qui influencent leur capacité à atteindre les objectifs souhaités. L'atteinte de ces objectifs est rarement garantie. Toutes les activités de l'organisation impliquent un risque, voire de l'inaction.

Une organisation gère le risque par l'intermédiaire du personnel, des processus, des technologies et des informations. Les chefs de portefeuille, de programme et de projet sont responsables des risques associés à leurs initiatives. Ils sont chargés de collaborer avec les parties prenantes à divers niveaux de l'organisation et d'appliquer une approche systématique et intégrée de la gestion des risques.

La figure 3-1 représente le contexte des activités de l'organisation, en partant du plus abstrait (sommet d'une organisation) vers le plus spécifique (base d'une organisation) où des tâches distinctes sont accomplies. Le risque est omniprésent dans la pyramide. La stratégie définit l'orientation à travers la vision et la mission, ainsi que les buts et objectifs spécifiques de l'organisation. Elle est globale et inclut les activités opérationnelles et de changement.

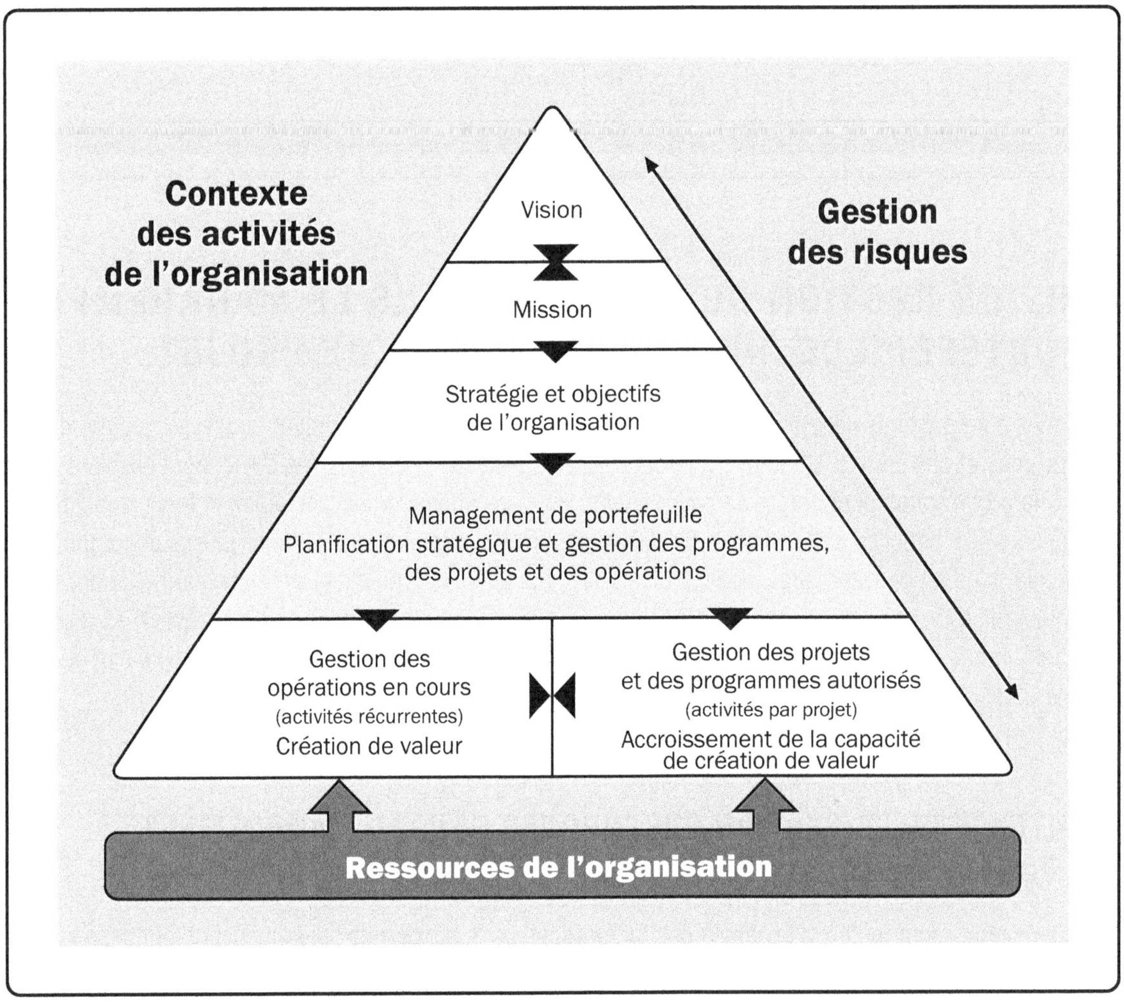

Figure 3-1. Le risque aux différents niveaux de l'organisation.

Les buts et les objectifs sont alignés sur les stratégies. Bénéfices et valeur ne peuvent être obtenus sans l'exécution de plans opérationnels et de changement. Pour profiter des bénéfices du changement, les organisations mettent à exécution des plans et leurs activités associées dont le résultat est l'atteinte des objectifs du portefeuille, du programme et du projet. Le changement est, par nature, incertain. Pour la plupart des organisations, le changement est inévitable et nécessaire si elles souhaitent rester compétitives. Dans l'optique de gérer efficacement le changement, les organisations doivent s'appuyer sur un plan d'exécution stratégique mûrement réfléchi afin de mettre en œuvre les portefeuilles, programmes et projets de manière constante au fil du temps. Cette opération nécessite l'application efficace du management de projet organisationnel (OPM). Le management de projet organisationnel est un cadre dans lequel le management de portefeuille, de programme et de projet est aligné sur la stratégie et intégré aux procédures organisationnelles en vue d'atteindre les objectifs stratégiques. Le management de portefeuille, de programme et de projet cible les objectifs qui correspondent à la stratégie de l'organisation. Certaines menaces apparaissent lorsque la stratégie ou les objectifs ne sont pas alignés sur la mission, la vision et les valeurs fondamentales de l'organisation, d'autres lorsque les objectifs ne correspondent pas à la stratégie ou que les portefeuilles, programmes et projets ne sont pas alignés sur les objectifs. Pour accroître les opportunités, la stratégie et les objectifs doivent être bien alignés.

3.1.1 CADRE ORGANISATIONNEL

Comme l'illustre la figure 3-2, la gestion des risques inclut tous les domaines de l'organisation, à savoir l'entreprise, le portefeuille, le programme et le projet. La gestion des risques d'entreprise est une approche de la gestion des risques qui reflète la culture, la capacité et la stratégie de création et de préservation de la valeur de l'organisation. Elle couvre les politiques, les processus et les méthodes sur lesquelles l'organisation s'appuie pour gérer les risques (menaces et opportunités), mais aussi pour promouvoir sa mission et sa vision. La gestion des risques du portefeuille tire ses politiques, processus, méthodes et tolérance du cadre de gestion des risques d'entreprise et les adapte au management de portefeuille. De même, les programmes et les projets adoptent leurs pratiques de gestion des risques respectives à partir du cadre du portefeuille.

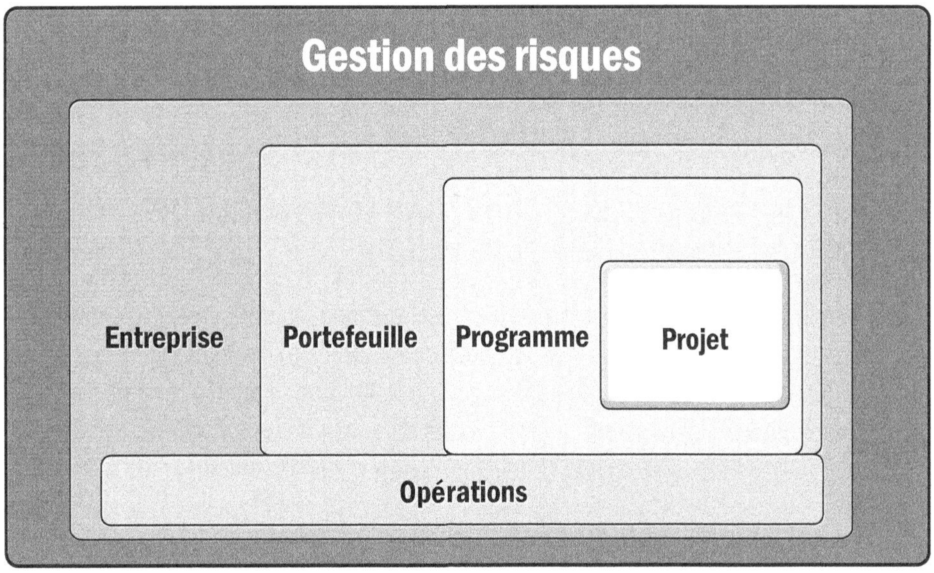

Figure 3-2. Gestion des risques dans les domaines des activités de l'organisation.

La gestion des risques d'entreprise est généralement supervisée par le comité de gouvernance qui dirige le processus avec la participation proactive de la direction. Les chefs de portefeuille, de programme et de projet gèrent et maîtrisent les communications avec l'aide des parties prenantes internes et externes. Cette démarche est indispensable afin de sensibiliser à l'importance et aux valeurs de la gestion des risques, de la culture et des comportements attendus mais aussi de l'attitude face au risque.

3.1.2 CONTEXTE ORGANISATIONNEL

L'application de la gestion des risques d'entreprise est influencée par le secteur, les réglementations et le contexte organisationnel. Les chefs de portefeuille, de programme et de projet doivent comprendre le contexte de l'organisation afin d'adapter l'approche optimale à la gestion des risques de leurs initiatives et d'aider simultanément l'organisation à évaluer et à répondre aux risques. Bon nombre de facteurs peuvent également avoir un impact sur la portée des pratiques de la gestion des risques. Certains de ces facteurs incluent la disponibilité du capital, le paysage concurrentiel et l'attitude face au risque.

3.1.3 PLANIFICATION STRATÉGIQUE ET ORGANISATIONNELLE

La gestion des risques des portefeuilles, des programmes et des projets s'aligne sur la définition de la vision stratégique, de la mission, des valeurs et des objectifs commerciaux. Elle fournit les données d'entrée nécessaires à l'exécution de diverses alternatives. Les buts stratégiques et les objectifs commerciaux sont établis afin de concrétiser la vision et la mission de l'organisation, conformément à ses valeurs fondamentales. Lorsque ces buts et ces objectifs sont définis, ils deviennent des données d'entrée pour la gestion des risques. En cas de conflits potentiels entre les buts stratégiques et le portefeuille de travail, le risque est escaladé à l'échelon approprié de la direction (voir la figure 3.1).

3.1.4 LIEN ENTRE PLANIFICATION ET EXÉCUTION DANS LE MANAGEMENT DE PORTEFEUILLE, DE PROGRAMME ET DE PROJET

Le management de portefeuille, de programme et de projet désigne les domaines du cadre de management de projet organisationnel dédiés à la gestion des capacités et à l'optimisation de la valeur existante ou à la création de valeur. Le management de portefeuille sert de lien entre la planification stratégique et l'exécution de stratégie d'entreprise. Lorsqu'il se concentre sur les bons composants du portefeuille (par exemple, les programmes, les projets et les initiatives opérationnelles), il permet aux organisations de s'aligner sur la stratégie et d'investir les ressources de façon raisonnée et efficace. La mise en œuvre est ensuite assurée par le management de programme et de projet.

Toutes ces activités sont réalisées dans un environnement exposé à des risques. Bien qu'il permette à une organisation de s'appuyer sur ses résultats et sa mise en œuvre réussie, et qu'il la soutienne dans un environnement concurrentiel et en pleine évolution, le management de projet organisationnel n'est pas sans risques. Par conséquent, il est primordial que les dirigeants et responsables d'une organisation reconnaissent l'importance de la gestion des risques afin de parer aux menaces et de saisir les opportunités. Les chefs de portefeuille, de programme et de projet travaillent de façon inclusive en vue d'identifier, d'analyser, d'évaluer, de hiérarchiser, de recommander et d'exécuter les réponses aux risques, mais aussi de suivre les progrès et d'adapter les réponses aux risques, si nécessaire.

3.2 PÉRIMÈTRE DE REDEVABILITÉ, DE RESPONSABILITÉ ET D'AUTORITÉ

Les parties prenantes qui participent au management de portefeuille, de programme et de projet se partagent la redevabilité, la responsabilité et l'autorité en matière de gestion des risques.

- *La redevabilité* est de nature individuelle et dépend du poste occupé au sein de l'organisation. Elle est liée à l'autorité dans la mesure où une personne est généralement redevable dans les limites de son autorité. Une personne peut tout de même être redevable au-delà de son autorité pour agir.
- *La responsabilité* incombe à une personne à qui une fonction ou une tâche a été attribuée. En acceptant cette fonction ou tâche, la personne en assume la responsabilité. Le fait que d'autres personnes plus haut placées au sein de l'organisation puissent être également responsables ou redevables ne décharge aucunement la personne de sa responsabilité. La personne chargée de l'attribution reste redevable de la tâche déléguée. En revanche, la responsabilité revient à la personne désignée.
- *L'autorité* peut être déléguée, tout comme la responsabilité. Elle confère à la personne la capacité à prendre des décisions dans les limites établies.

3.2.1 REDEVABILITÉ AU NIVEAU DE L'ENTREPRISE

La gestion des risques a pour but d'appliquer les connaissances, les compétences et les bonnes pratiques en vue de gérer la priorité dans les limites du seuil de risque acceptable pour l'organisation, que ce soit au niveau de l'entreprise, du portefeuille, du programme ou du projet. Le but est de minimiser l'impact des menaces afin de protéger l'organisation contre une perte et de saisir les opportunités qui créeront de la valeur. La gestion du risque au niveau des portefeuilles, des programmes et des projets nécessite une collaboration à l'échelle de l'entreprise. En outre, la reconnaissance que l'incapacité à allouer la bonne quantité de ressources pourrait compromettre les objectifs stratégiques de l'organisation.

Le management de portefeuille, de programme et de projet doit soutenir les politiques de gestion, définir les rôles et responsabilités, fixer des objectifs et superviser l'exécution. Les responsables doivent tenir la haute direction informée de l'exposition aux risques actuelle et des actions correspondantes.

3.2.2 REDEVABILITÉ AU NIVEAU DU PORTEFEUILLE

Parfois, les portefeuilles s'étendent sur de courtes périodes. Néanmoins, dans la plupart des cas, ils perdurent aussi longtemps que l'organisation. Par conséquent, les chefs de portefeuille doivent superviser les activités ou autoriser les composants qui nécessiteront plusieurs années à l'organisation avant d'obtenir la valeur de l'investissement. Tout changement de ce contexte a des répercussions directes sur les objectifs stratégiques de l'organisation. Parmi les facteurs externes figurent les exigences ou mandats réglementaires, les conditions du marché et la restructuration organisationnelle.

La gestion des risques du portefeuille traite les risques stratégiques, structurels et d'exécution. Alors que la gestion des risques du programme évalue le risque associé à un ensemble connexe de composants, la gestion des risques du portefeuille est une vaste discipline qui tient compte des risques susceptibles d'influencer des composants et des activités opérationnelles non connexes du portefeuille. La gestion des risques n'est donc pas une tâche aisée pour les chefs de portefeuille. En effet, les risques au niveau du portefeuille englobent des facteurs internes et externes en raison du fait qu'ils établissent un lien entre stratégie organisationnelle et mise en œuvre.

3.2.3 REDEVABILITÉ AU NIVEAU DU PROGRAMME

Les risques évalués au niveau du programme touchent des composants connexes. Lorsqu'ils se présentent, ils peuvent avoir un impact positif ou négatif sur un ou plusieurs autres composants. En collaboration avec les responsables des composants, le chef de programme a pour responsabilité d'identifier et de gérer ces risques. Au lieu de gérer ces risques individuellement dans le composant, le chef de programme veille à ce que les risques du programme soient gérés par le biais d'une coordination.

Lors de la gestion des risques stratégiques, le chef de programme peut identifier de nouveaux risques qui dépassent l'appétence au risque de l'organisation et pourraient avoir un impact direct sur le programme. Ces risques stratégiques comportent une menace et une opportunité. Le chef de programme évalue et examine un ensemble d'options de réponses à envisager avec l'instance de gouvernance.

Les risques du programme peuvent influencer la livraison de composants spécifiques. Le chef de programme conseille les responsables de composants de tout risque partagé ou plan de réponse relatif aux composants individuels. Il est possible de réaliser des économies d'échelle et de gamme dans la mesure où les risques peuvent être gérés par une réponse lancée au niveau du programme.

3.2.4 REDEVABILITÉ AU NIVEAU DU PROJET

Au niveau du projet, la gestion des risques a pour but de diminuer la probabilité et l'impact des risques négatifs, mais aussi d'accroître la probabilité et l'impact des risques positifs spécifiques aux livrables ou aux objectifs du projet. Le chef de projet est tenu d'évaluer, de signaler et de gérer les risques individuels et globaux du projet selon ses contraintes. Il a la possibilité d'escalader certains risques aux sources, ou d'en recevoir des directives. Il peut notamment s'agir du chef de programme, du chef de portefeuille, du bureau des projets, du comité de gouvernance et d'autres entités du leadership, en fonction de la complexité de l'initiative et des données d'entrée de l'organisation.

Tous les membres de l'équipe projet ont pour responsabilité de gérer le risque. Cela consiste, par exemple, à identifier le risque lors de la phase de démarrage, à apporter des précisions sur les événements déclencheurs ou à sensibiliser aux nouveaux risques potentiels susceptibles d'avoir un impact sur le projet.

3.3 APPROCHES GÉNÉRALES DE LA GESTION DES RISQUES

Les risques sont omniprésents dans les activités de management de portefeuille, de programme et de projet. Par conséquent, l'organisation doit adopter une approche systématique de gestion des risques pour atteindre ses objectifs stratégiques. Dans ce contexte, il convient de prendre en considération les points suivants, entre autres :

- événements ou circonstances pouvant survenir à l'avenir (leurs variabilité et ambiguïté) ;
- événements susceptibles d'avoir un impact positif ou négatif sur au moins un objectif de l'entreprise, du portefeuille, du programme ou du projet ;
- probabilité de l'événement ;
- impact de l'événement, le cas échéant ;
- capacité de l'organisation à influencer les résultats favorables ou à minimiser les conséquences négatives.

3.3.1 FACTEURS D'ÉVALUATION DES RISQUES

Les risques existent à tous les niveaux de l'organisation dans le continuum de gestion des risques d'entreprise, du portefeuille, du programme et du projet. La figure 3-3 fournit un cadre de classification des risques dans l'un des quatre quadrants en fonction des informations à disposition et du degré d'ambiguïté et de variabilité. Pour plus d'informations, consultez l'annexe X8 sur la classification des risques.

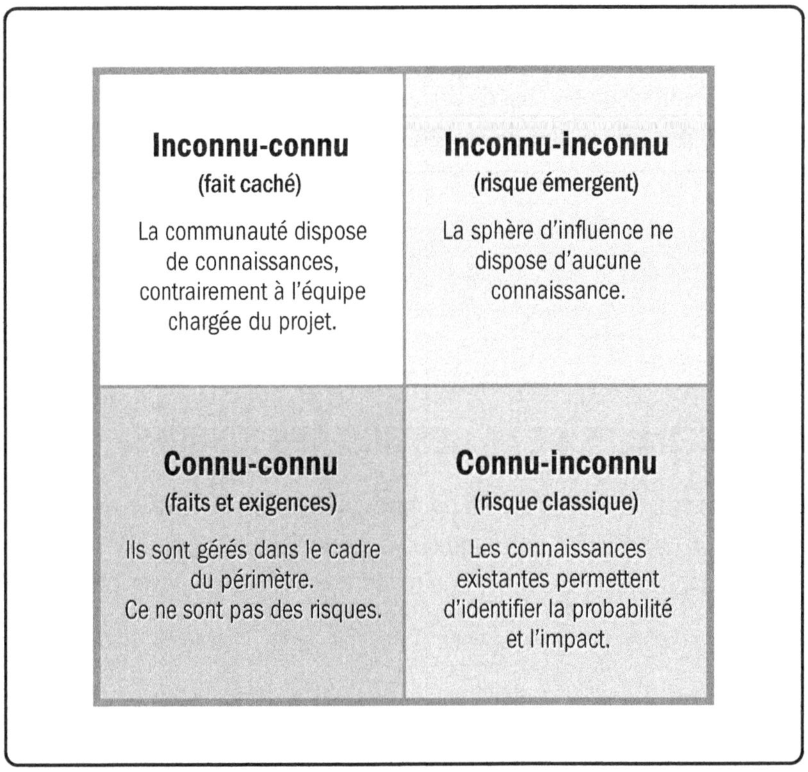

Figure 3-3. Classification des risques.

Les chefs de portefeuille, de programme et de projet doivent identifier la probabilité et l'impact des risques afin de pouvoir les gérer.

- **Probabilité.** La possibilité qu'un risque se produise est comprise entre légèrement au-dessus de 0 % à juste en dessous de 100 %.
- **Impact.** S'ils se concrétisent, les risques peuvent avoir des conséquences positives ou négatives pour l'organisation. L'ampleur ou l'importance de l'impact peut avoir diverses répercussions et influences.

Il convient de tenir compte d'autres facteurs lors de l'évaluation des risques. Certains sont inclus dans l'annexe X6 sur les techniques intégrées au cadre de gestion des risques.

4

CYCLE DE VIE DE LA GESTION DES RISQUES DANS LE MANAGEMENT DE PORTEFEUILLE, DE PROGRAMME ET DE PROJET

Les organisations fixent des cadres adaptatifs afin de s'aligner sur la compétitivité environnementale et d'affronter la complexité croissante que représentent l'atteinte des objectifs et la prise de décision. La complexité est une caractéristique inhérente aux portefeuilles, aux programmes et aux projets, ainsi qu'à leur environnement dont la gestion est difficile en raison des divers aspects du flux de travail, à savoir le comportement humain, le comportement du système, l'incertitude et l'ambiguïté. La complexité influence la stabilité, la prévisibilité et la capacité de l'organisation et de ses activités à pérenniser l'entreprise. Pour obtenir plus d'informations, consultez le document intitulé *Navigating Complexity: A Practice Guide* [5].

Pour définir la bonne structure de la gouvernance et des opérations de l'organisation, il convient d'avoir une vision intégrée de la gestion des risques. Lorsqu'elle fixe un cadre approprié, une organisation peut :

- formuler des objectifs ;
- définir les paramètres internes et externes des processus d'un cycle de vie de la gestion des risques efficace ;
- établir des critères de risque dans le périmètre des processus restants par le biais d'activités itératives.

Ce cadre est fixé dans le but d'aligner les ressources et les processus sur les stratégies et les objectifs de l'organisation. Le cycle de vie de la gestion des risques, qui fait partie du cadre de gestion des risques, veille à ce que les risques soient gérés de façon structurée, quelle que soit l'approche du cycle de vie du portefeuille, du programme ou du projet.

4.1 PRÉSENTATION DU CYCLE DE VIE DE LA GESTION DES RISQUES

Le cycle de vie de la gestion des risques décrit dans cette section illustre une approche structurée pour adopter une vision d'ensemble des risques à travers les domaines d'entreprise, de portefeuille, de programme et de projet. Si la gestion des risques varie entre ces domaines et d'une organisation à une autre, l'approche globale du cycle de vie établit une séquence de phases logiques à itérer. Elle inclut les processus suivants :

- planifier la gestion des risques ;
- identifier les risques ;
- effectuer l'analyse qualitative des risques ;
- effectuer l'analyse quantitative des risques ;
- planifier les réponses aux risques ;
- exécuter les réponses aux risques ;
- maîtriser les risques.

Le cycle de vie de la gestion des risques est illustré à la figure 4-1. Il se compose d'un flux dédié, procédural et itératif d'activités et de processus soutenus et exécutés au sein de l'entreprise et des domaines du portefeuille, du programme et du projet. En raison de la nature évolutive du risque, le cycle de vie de la gestion des risques assure un flux reproductible de processus qui appuie la prise de décision stratégique. Toutes ces activités sont réalisées de manière intégrée dans et entre les domaines du portefeuille, du programme et du projet.

Le flux de travail itératif du cycle de vie de la gestion des risques est intégré au cadre d'exécution stratégique dans lequel le management de portefeuille, de programme et de projet est lié aux fondements culturels, aux capacités et à l'utilisation des fonctions ou domaines de performance de l'organisation. Il va de soi qu'à la clôture du portefeuille, du programme ou du projet, le processus de gestion des risques prend fin et les retours d'expérience appropriés sont documentés. Le cadre permet d'exécuter les processus des risques globaux par l'intermédiaire d'un plan de gestion des risques dans chaque domaine, tel que décrit aux sections 5, 6 et 7.

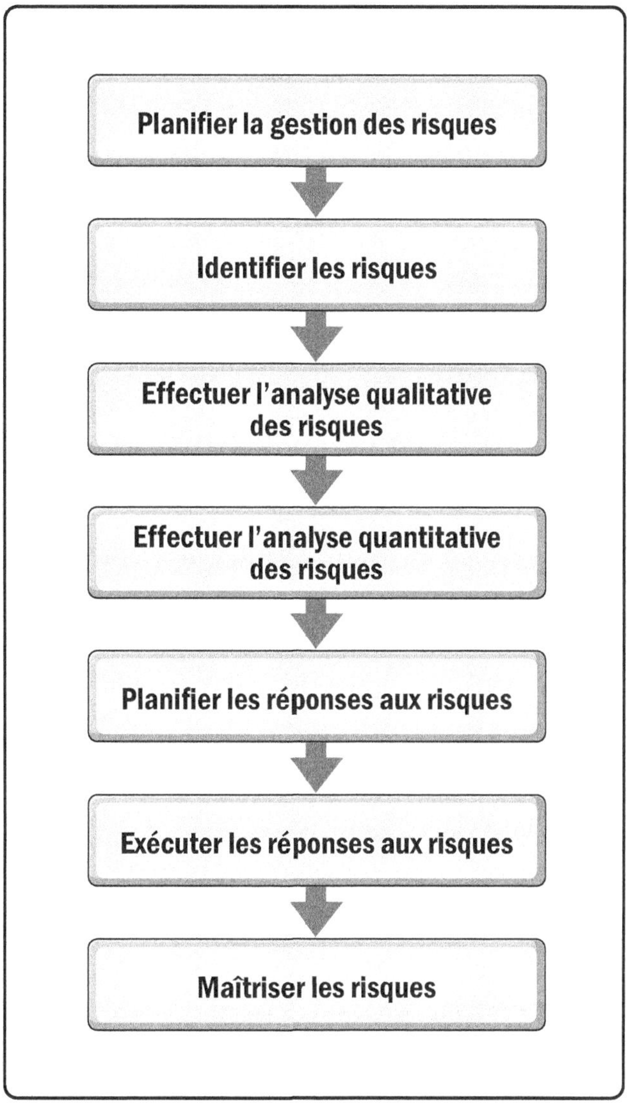

Figure 4-1. Cadre du cycle de vie de la gestion des risques.

4.2 PLANIFIER LA GESTION DES RISQUES

Une gestion efficace des risques nécessite la création d'un plan à cet effet. Ce plan décrit comment les processus de la gestion des risques sont exécutés et leur lien avec les autres processus. Plus globalement, le plan de gestion des risques décrit les relations entre les processus de gestion des risques, le management de portefeuille, de programme ou de projet général, et les processus de gestion dans le reste de l'organisation. Une première planification de la gestion des risques est réalisée au début de la planification globale du travail, avec l'intégration des activités correspondantes au plan de gestion global. Une adaptation du plan de gestion des risques peut être nécessaire à mesure que les besoins du travail et des parties prenantes se précisent ou évoluent.

La faisabilité de la planification de la gestion des risques dépend des fonctionnalités de l'organisation où elle est exécutée. Les règles et les directives définies dans le plan de gestion des risques reflètent la culture de l'organisation, ses capacités par rapport au personnel et aux installations, mais aussi ses valeurs, buts et objectifs. Le plan de gestion des risques identifie et décrit les procédures et les autres facteurs environnementaux de l'organisation qui s'appliquent, comme la gestion des risques stratégiques, la gestion des risques d'entreprise et les processus de gouvernance d'entreprise.

4.2.1 OBJET DU PROCESSUS PLANIFIER LA GESTION DES RISQUES

Le processus Planifier la gestion des risques vise à élaborer la stratégie de gestion des risques globaux, à décider de l'exécution des processus de gestion des risques et à intégrer la gestion des risques dans toutes les autres activités. Ce processus définit non seulement la fréquence normale de répétition des processus, mais aussi les conditions spécifiques ou exceptionnelles de lancement des actions correspondantes. Les activités de gestion des risques correspondantes sont intégrées dans le plan de management de portefeuille, de programme ou de projet.

4.2.1.1 APPÉTENCE AU RISQUE DANS LE PROCESSUS PLANIFIER LA GESTION DES RISQUES

Le niveau de risque considéré comme acceptable dépend de l'appétence au risque des parties prenantes concernées. Cette appétence au risque des parties prenantes peut être influencée par divers facteurs, notamment la capacité des parties prenantes à tolérer l'incertitude et l'importance relative de l'atteinte d'objectifs spécifiques. Les données de sortie de cette analyse sont ensuite examinées lors de l'application des processus de gestion des risques.

Les directives et les règles d'escalade des informations sur les risques à la direction et aux autres parties prenantes reflètent l'appétence au risque et les attentes de la partie prenante. À mesure que le travail évolue, il est important de maintenir une bonne communication avec les parties prenantes afin de tenir les chefs de portefeuille, de programme et de projet informés des changements d'attitude des parties prenantes et d'adapter l'approche de la gestion des risques qui tiendra compte des nouveaux facteurs.

Le plan de gestion des risques comprend la terminologie utilisée pour décrire les risques. Ainsi, les participants disposent des mêmes connaissances des termes. Il définit également les valeurs essentielles de la gestion des risques ainsi que les seuils servant de paramètres, conformément au périmètre du travail et aux attitudes des parties prenantes. Enfin, il décrit les principales valeurs numériques requises pour l'analyse quantitative ou la prise de décision dans le cadre de la planification des réponses aux risques ou du suivi des risques.

4.2.1.2 ADAPTATION ET MISE À L'ÉCHELLE DU PLAN DE GESTION DES RISQUES

Les portefeuilles, les programmes et les projets sont exposés à différents types de risque. Par conséquent, chaque étape du cycle de vie de la gestion des risques est adaptée et mise à l'échelle de façon à correspondre aux différentes caractéristiques des risques. Les processus de gestion sont également étroitement intégrés entre les domaines du portefeuille, du programme et du projet.

Les résultats de cette première étape sont documentés et communiqués, puis examinés par les parties prenantes afin de dégager une vision commune du périmètre et des objectifs du processus de gestion des risques.

Le plan de gestion des risques inclut les processus de gestion des risques adaptés qui reposent sur la maturité des processus de l'organisation. Les éléments évolutifs du processus qui font partie de la planification de la gestion des risques sont, notamment, les suivants :

- ressources disponibles ;
- voies d'escalade ;
- méthode et processus utilisés ;
- outils et techniques utilisés ;
- infrastructure sous-jacente ;
- revue et fréquence de mise à jour ;
- exigences liées à l'établissement de rapports.

4.2.2 FACTEURS DE RÉUSSITE DU PROCESSUS PLANIFIER LA GESTION DES RISQUES

Les critères d'un plan de gestion des risques valable sont :

- l'acceptation de la part des parties prenantes ;
- l'identification de partis pris et leur correction ;

- l'alignement sur les contraintes et priorités internes et externes ;
- l'équilibre entre le coût ou l'effort et le bénéfice ;
- l'exhaustivité en ce qui concerne les besoins du processus de gestion des risques.

4.3 IDENTIFIER LES RISQUES

Après avoir convenu du périmètre et des objectifs de la gestion des risques, le processus Identifier les risques est lancé en prenant soin de distinguer les risques des non-risques, comme les problèmes et les points à traiter. Il est rare de pouvoir identifier tous les risques dès le départ. Le niveau d'exposition aux risques peut évoluer au fil du temps avec les décisions et les actions menées en amont, mais aussi les changements imposés de l'extérieur.

4.3.1 OBJET DU PROCESSUS IDENTIFIER LES RISQUES

Ce processus sert à identifier les risques, dans la mesure du possible. En raison de la nature émergente du risque, le processus de gestion des risques doit être itératif. Il doit répéter les activités d'identification des risques afin de trouver ceux qui n'étaient pas évidents auparavant.

Il existe diverses techniques d'identification des risques, ayant chacune ses avantages et ses inconvénients (voir l'annexe X6 sur les techniques du cadre de gestion des risques). Une ou plusieurs techniques sont sélectionnées, le cas échéant, afin de répondre aux besoins d'un portefeuille, d'un programme ou d'un projet en particulier. Le but est d'exposer et de documenter tous les risques connus, tout en reconnaissant que certains risques sont par définition inconnus et que d'autres apparaissent plus tard dans le travail. Les données d'entrée sont obtenues auprès de nombreuses parties prenantes lors de l'identification des risques, étant donné qu'elles peuvent avoir un point de vue différent des risques auxquels le portefeuille, le programme ou le projet est exposé. Il est également possible de consulter les documents historiques pour aider à identifier les risques.

Des réponses préliminaires sont mises en lumière dès qu'un risque est identifié pour la première fois. Celles-ci sont consignées durant le processus Identifier les risques et sont envisagées pour une action immédiate lorsque celle-ci est appropriée. Si ces réponses ne sont pas mises en œuvre immédiatement, elles doivent être examinées lors du processus Planifier les réponses aux risques.

Tous les risques identifiés sont consignés et, parallèlement, un chargé de risque est désigné. Le chargé de risque est la personne responsable de la maîtrise du risque, mais aussi de la sélection et de l'application d'une stratégie de réponse aux risques appropriée. Il est de la responsabilité du chargé de risque de gérer le risque correspondant durant les processus de gestion des risques ultérieurs.

4.3.2 PRINCIPAUX FACTEURS DE RÉUSSITE DU PROCESSUS IDENTIFIER LES RISQUES

L'atteinte des objectifs du processus Identifier les risques dépend, notamment, de ce qui suit :

- identification précoce ;
- identification itérative ;
- identification émergente ;
- identification complète ;
- identification explicite des opportunités ;
- perspectives multiples ;
- risques liés aux objectifs ;
- énoncé de risque exhaustif ;
- responsabilité et niveau de détail ;
- communication fréquente et efficace ;
- objectivité pour minimiser les partis pris.

4.4 EFFECTUER L'ANALYSE QUALITATIVE DES RISQUES

L'analyse qualitative des risques consiste à évaluer l'importance de tous les risques afin de les classer par catégorie et ordre de priorité pour ensuite les étudier ultérieurement. Elle comporte également un mécanisme d'évaluation du niveau du risque global du portefeuille, du programme ou du projet.

4.4.1 OBJET DU PROCESSUS EFFECTUER L'ANALYSE QUALITATIVE DES RISQUES

Les techniques qualitatives permettent de mieux comprendre les risques individuels. Elles tiennent compte des diverses caractéristiques, comme la probabilité d'occurrence, le degré d'impact sur les objectifs, la capacité de gestion, la chronologie des impacts possibles, les liens avec d'autres risques et les causes ou effets courants.

L'évaluation des risques individuels fondée sur une analyse qualitative des risques mesure la probabilité d'occurrence de chaque risque et son impact sur les objectifs du portefeuille, du programme ou du projet, s'il survient. Ainsi, elle ne traite pas directement du risque global qui découle de l'effet combiné de tous les risques et de leurs interactions potentielles. Cet aspect peut néanmoins être abordé à l'aide des techniques d'analyse quantitative des risques.

L'analyse qualitative des risques s'applique à la liste des risques créée ou actualisée par le processus Identifier les risques en vue de fournir à la direction les caractéristiques des risques ayant la plus grande influence (positive ou négative) sur l'atteinte des objectifs. Les risques évalués comme prioritaires, qui menacent ou favorisent l'atteinte des objectifs, sont mis en évidence dans le processus Planifier les réponses aux risques. Il est possible d'étudier plus en profondeur ces risques à l'aide de l'analyse quantitative des risques.

4.4.2 PRINCIPAUX FACTEURS DE RÉUSSITE DU PROCESSUS EFFECTUER L'ANALYSE QUALITATIVE DES RISQUES

L'atteinte des objectifs du processus Effectuer l'analyse qualitative des risques dépend, notamment, de ce qui suit :

- utilisation d'une approche convenue ;
- utilisation des définitions convenues des termes associés au risque ;
- collecte d'informations crédibles sur les risques ;
- analyse qualitative des risques itérative.

4.5 EFFECTUER L'ANALYSE QUANTITATIVE DES RISQUES

Le processus Effectuer l'analyse quantitative des risques donne un aperçu de l'effet combiné des risques identifiés sur le résultat souhaité. Ce processus tient compte des effets probabilistes ou à l'échelle des composants, comme la corrélation entre les risques, l'interdépendance et les boucles de rétroaction. Il donne une indication du degré du risque global auquel le portefeuille, le programme ou le projet est exposé.

4.5.1 OBJET DU PROCESSUS EFFECTUER L'ANALYSE QUANTITATIVE DES RISQUES

Le processus Effectuer l'analyse quantitative des risques fournit une estimation numérique de l'impact global du risque sur les objectifs. Les résultats de cette analyse servent à évaluer la probabilité d'atteindre les objectifs et à estimer les réserves pour aléa.

L'analyse de l'incertitude fondée sur des techniques quantitatives fournit une estimation plus réaliste qu'une approche non probabiliste. Cependant, l'analyse quantitative des risques n'est pas toujours requise ou possible. Ainsi, lors du processus Planifier la gestion des risques, il convient de comparer les avantages de l'analyse quantitative des risques par rapport à l'effort requis pour s'assurer que d'autres connaissances et valeur justifient un effort supplémentaire.

Toutefois, une analyse partielle des risques, comme l'analyse qualitative des risques, définit l'ordre de priorité des risques individuels uniquement. Elle ne mesure donc pas le risque global où tous les risques sont pris en compte simultanément. Le calcul des estimations du risque global intervient lors du processus Effectuer l'analyse quantitative des risques. Les risques spécifiques sont généralement mieux compris et quantifiés à un niveau détaillé. En revanche, les objectifs sont définis à un niveau plus général. Une analyse des risques globaux, comme celle qui s'appuie sur des techniques quantitatives, estime l'incidence de tous les risques quantifiés. Ainsi, l'analyse quantitative des risques et les estimations ultérieures des risques sont favorisées par une bonne compréhension des risques individuels et de leur importance relative quant aux objectifs. Le risque global peut déterminer la priorité à accorder à des risques individuels en particulier.

L'estimation du risque global à l'aide de techniques quantitatives permet de faire la distinction entre les risques quantifiés qui menacent les objectifs au-delà de la tolérance des parties prenantes et les risques compris dans des tolérances acceptables même lorsque le risque est pris en compte. Les risques qui menacent les objectifs au-delà de la tolérance des parties prenantes peuvent faire l'objet de réponses aux risques énergiques destinées à protéger les objectifs les plus importants pour les parties prenantes.

4.5.2 PRINCIPAUX FACTEURS DE RÉUSSITE DU PROCESSUS EFFECTUER L'ANALYSE QUANTITATIVE DES RISQUES

L'atteinte des objectifs de l'analyse quantitative des risques dépend, notamment, de ce qui suit :

- identification et analyse qualitative préalables des risques ;
- modèle approprié ;
- compétence dans l'utilisation des outils d'analyse technique correspondants ;
- engagement à collecter des données crédibles sur les risques ;
- données objectives ;
- liens entre les risques dans l'analyse quantitative des risques.

4.6 PLANIFIER LES RÉPONSES AUX RISQUES

Le processus Planifier les réponses aux risques détermine les réponses efficaces et adaptées non seulement à la priorité des risques individuels, mais aussi au risque global. Ce processus tient compte des attitudes face au risque des parties prenantes et des conventions figurant dans le plan de gestion des risques, en plus des contraintes et hypothèses définies lors de l'identification et de l'analyse des risques. Après le classement des risques individuels par ordre de priorité, il est nécessaire d'élaborer des réponses aux risques adaptées pour les menaces et les opportunités. Ce processus prend fin dès lors qu'un ensemble optimal de réponses est obtenu. Il existe diverses réponses possibles aux menaces et aux opportunités.

Cinq réponses peuvent être prises en considération pour gérer les menaces.

- **Escalader.** L'escalade est appropriée lorsqu'une menace est extérieure au périmètre du portefeuille, du programme ou du projet ou lorsque la réponse proposée dépasse l'autorité du responsable. Les risques escaladés sont gérés au niveau du domaine de l'entreprise, du domaine du portefeuille, du domaine du programme ou de toute autre partie pertinente de l'organisation. La responsabilité des menaces escaladées est acceptée par la partie de l'organisation concernée. Une menace est généralement escaladée au niveau approprié qui correspond à l'objectif susceptible d'être impacté si elle se concrétise.
- **Éviter.** La stratégie d'évitement des risques est menée par l'équipe projet, portefeuille ou programme pour éliminer une menace ou protéger le projet de l'impact du risque. Elle peut être appropriée pour une menace à priorité élevée présentant une forte probabilité d'occurrence et un impact négatif important. Elle peut impliquer de changer certains aspects du plan de management ou l'objectif menacé afin d'éliminer entièrement l'impact de la menace. Si le risque se concrétise, il n'aurait aucun effet sur l'objectif. Le chargé de risque peut également prendre des mesures pour isoler l'objectif de l'impact du risque s'il survient.
- **Transférer.** La stratégie de transfert déplace la responsabilité d'une menace vers un tiers qui devra alors gérer le risque et supporter l'impact si la menace se concrétise. Le transfert des risques implique souvent le versement d'une prime de risque à la partie qui assume la menace.
- **Atténuer.** Une stratégie d'atténuation des risques vise à réduire la probabilité d'occurrence ou l'impact d'une menace. Une mesure d'atténuation anticipée est souvent plus efficace qu'une tentative de réparation des dommages après la réalisation d'une menace. Lorsqu'il est impossible de réduire la probabilité, une réponse d'atténuation peut réduire l'impact, en ciblant les facteurs à l'origine de la sévérité.
- **Accepter.** L'acceptation du risque reconnaît l'existence d'une menace sans qu'aucune mesure proactive ne soit prise. Cette stratégie peut être appropriée pour les menaces à faible priorité. Elle peut également être adoptée lorsqu'il n'est pas possible ni rentable de gérer une menace d'une autre façon. L'acceptation peut être active ou passive. La stratégie d'acceptation active la plus répandue consiste à constituer une réserve pour aléa, comprenant du temps, des moyens financiers ou d'autres ressources pour traiter la menace si elle se concrétise. L'acceptation passive ne demande aucune action proactive hormis la revue périodique de la menace afin de s'assurer qu'elle ne change pas de manière significative.

Cinq réponses différentes peuvent être prises en considération pour gérer les opportunités.

- **Escalader.** La stratégie de réponse au risque est appropriée lorsqu'une opportunité est extérieure au périmètre du portefeuille, du programme ou du projet ou lorsque la réponse proposée dépasse l'autorité du responsable. Les opportunités escaladées sont gérées au niveau du domaine du programme, du domaine du portefeuille ou de toute autre partie pertinente de l'organisation. Il est important que la responsabilité d'une opportunité escaladée soit acceptée par la partie de l'organisation concernée. Les opportunités sont généralement escaladées au niveau approprié qui correspond aux objectifs susceptibles d'être touchés si l'opportunité se concrétise.
- **Exploiter.** La stratégie d'exploitation peut être choisie pour les opportunités à priorité élevée lorsque l'organisation souhaite s'assurer que l'opportunité est saisie. Cette stratégie vise à saisir l'avantage associé à une opportunité particulière en veillant à ce qu'elle se produise bel et bien et en augmentant la probabilité d'occurrence à 100 %.

- **Partager.** La stratégie de partage implique de transférer la responsabilité d'une opportunité à un tiers afin qu'il partage une partie de l'avantage si elle se concrétise. Il est important de bien choisir le nouveau responsable d'une opportunité partagée afin de garantir la saisie de l'opportunité en faveur du portefeuille, du programme ou du projet. Le partage des opportunités implique souvent le versement d'une prime de risque à la partie qui saisit l'opportunité.
- **Améliorer.** La stratégie d'amélioration est utilisée pour accroître la probabilité ou l'impact d'une opportunité. Une mesure d'amélioration anticipée est souvent plus efficace que la tentative d'amélioration des bénéfices après la réalisation d'une opportunité. La probabilité d'occurrence d'une opportunité peut être augmentée en concentrant l'attention sur les causes. Lorsqu'il est impossible d'augmenter la probabilité, une réponse d'amélioration peut augmenter l'impact, en visant les facteurs agissant sur l'importance de l'avantage potentiel.
- **Accepter.** La stratégie d'acceptation d'une opportunité permet d'en bénéficier sans qu'aucune mesure proactive ne soit prise. Cette stratégie peut être appropriée pour les opportunités à faible priorité. Elle peut également être adoptée lorsqu'il n'est pas possible ni rentable de gérer une opportunité d'une autre façon. L'acceptation peut être active ou passive. La stratégie d'acceptation active la plus répandue consiste à constituer une réserve pour aléa, comprenant du temps, des moyens financiers ou d'autres ressources pour tirer profit de l'opportunité si elle se concrétise. L'acceptation passive ne demande aucune action proactive hormis la revue périodique de l'opportunité afin de s'assurer qu'elle ne change pas de manière significative.

Les réponses sont planifiées à un niveau stratégique et général, tandis que la stratégie est validée et convenue avant d'élaborer l'approche tactique détaillée. Une fois cette étape accomplie, les réponses doivent donner lieu à des actions au niveau tactique et être intégrées aux plans de management concernés. Cette activité peut produire d'autres risques secondaires, qu'il convient de traiter.

Outre les réponses aux risques individuels, des actions peuvent être menées pour faire face au risque global du portefeuille, du programme ou du projet. Toutes les actions et stratégies de réponse sont documentées et communiquées aux principales parties prenantes, puis intégrées aux plans correspondants.

4.6.1 OBJET DU PROCESSUS PLANIFIER LES RÉPONSES AUX RISQUES

Le processus Planifier les réponses aux risques a pour objet de déterminer un ensemble d'actions ayant les plus grandes chances de réussite tout en respectant les contraintes applicables. Une fois que les risques ont été identifiés, analysés et classés par ordre de priorité, des plans sont élaborés afin de gérer chaque risque que l'équipe considère comme suffisamment important, soit à cause de la menace qu'il représente pour les objectifs, soit en raison de l'opportunité offerte. Les plans décrivent les actions approuvées à mettre en œuvre ainsi que les éventuels changements qu'elles pourraient causer.

Lorsqu'elles sont exécutées, les réponses aux risques peuvent avoir des impacts sur les objectifs et ainsi présenter des risques supplémentaires appelés risques secondaires. Ceux-ci sont analysés et planifiés de la même façon que les risques qui ont été identifiés au départ. Des risques résiduels peuvent subsister à la suite de l'exécution des réponses. Ces risques résiduels sont clairement identifiés, analysés, documentés et communiqués à toutes les parties prenantes concernées jusqu'à ce qu'ils soient traités.

4.6.2 PRINCIPAUX FACTEURS DE RÉUSSITE DU PROCESSUS PLANIFIER LES RÉPONSES AUX RISQUES

L'atteinte des objectifs du processus Planifier les réponses aux risques dépend, notamment, de ce qui suit :

- définir clairement les rôles et responsabilités liés au risque ;
- préciser les délais des réponses aux risques ;
- fournir les ressources, le budget et l'échéancier des réponses ;
- étudier l'interaction des risques et des réponses en prenant en considération les risques secondaires et résiduels ;
- garantir des réponses appropriées, opportunes, efficaces et convenues ;
- traiter les menaces et les opportunités.

4.7 EXÉCUTER LES RÉPONSES AUX RISQUES

Après la planification des réponses aux risques, toutes les actions de réponse approuvées et non assorties de conditions sont intégrées et définies dans les plans de management concernés. Ces actions peuvent être déléguées à des chargés d'action. Le chargé de risque contrôle les actions afin de déterminer leur efficacité et d'identifier les risques secondaires qui peuvent découler de l'exécution des réponses aux risques.

Le chargé de risque et le chargé d'action sur le risque sont informés des changements susceptibles d'affecter leurs responsabilités. Une bonne communication est assurée entre les chargés de risque et les chefs de portefeuille, de programme ou de projet afin que les parties prenantes désignées acceptent d'être responsables de la maîtrise des résultats potentiels de risques spécifiques, s'efforcent de suivre les conditions de déclenchement associées et appliquent rapidement les réponses convenues.

Parallèlement aux actions de réponse et aux conditions de déclenchement, un mécanisme de mesure de l'efficacité de la réponse est fourni dans le cadre de la planification des réponses aux risques. Le chargé d'action sur le risque tient le chargé de risque informé de l'état d'avancement des actions de réponse. Ensuite, le chargé de risque décide si le risque a été géré de manière efficace ou si d'autres actions doivent être planifiées et mises en place. Cette procédure permet de garantir que les actions convenues sont menées dans le cadre normal d'exécution du portefeuille, du programme ou du projet.

4.7.1 OBJET DU PROCESSUS EXÉCUTER LES RÉPONSES AUX RISQUES

Le processus Exécuter les réponses aux risques consiste à mener l'action de réponse convenue si le risque se présente. Il convient de porter attention à ce processus afin que les réponses aux risques validées soient exécutées en conséquence.

4.7.2 PRINCIPAUX FACTEURS DE RÉUSSITE DU PROCESSUS EXÉCUTER LES RÉPONSES AUX RISQUES

L'atteinte des objectifs du processus Exécuter les réponses aux risques dépend, notamment, de ce qui suit :

- Un chargé de risque est responsable de tous les risques.
- Les parties prenantes s'engagent à exécuter les réponses aux risques, conformément au plan.
- Les communications sont gérées de manière efficace.
- Le coût des réponses aux risques est déterminé et calculé dans le cadre de la planification.
- Les réserves pour aléas et pour imprévus sont mises à disposition.

4.8 MAÎTRISER LES RISQUES

Le processus Maîtriser les risques permet à l'équipe de management de portefeuille, de programme ou de projet de réévaluer l'état des risques précédemment identifiés, d'identifier les risques émergents, secondaires et résiduels, mais aussi de déterminer l'efficacité des processus de gestion des risques.

L'environnement du portefeuille, du programme ou du projet peut évoluer à mesure que certains risques surviennent, qu'ils soient prévus ou non, et que d'autres risques deviennent importants ou cessent de l'être. L'équipe de management veille à ce que les documents de planification soient tenus à jour lorsqu'elle dispose d'informations complémentaires. La réévaluation des risques fondée sur le cycle de vie de la gestion des risques est réalisée à des intervalles réguliers ou en réponse à des événements importants.

En cas de grands changements au sein de l'organisation, il peut être nécessaire de revoir la planification de la gestion des risques avant de procéder à la réévaluation des risques.

Des audits de risques périodiques sont réalisés en plus des revues d'état régulières afin de déterminer les points forts et les points faibles de la gestion des risques du portefeuille, du programme ou du projet. À cette fin, il est nécessaire d'identifier les freins à l'efficacité ou les facteurs de réussite de la gestion des risques qui, une fois reconnus, pourraient contribuer à améliorer la gestion des risques des portefeuilles, programmes ou projets actuels ou futurs.

Au terme du programme ou du projet, une analyse intégrée du processus de gestion des risques est réalisée dans le but d'apporter des améliorations à long terme. Cette analyse rassemble les conclusions des audits périodiques en vue d'identifier les leçons qui s'appliquent à une grande partie des futurs programmes ou projets de l'organisation, comme le niveau approprié de ressources, le moment propice à l'analyse, l'utilisation des outils et le niveau de détail.

Le résultat de l'audit du processus de gestion des risques est regroupé avec des informations spécifiques sur l'expérience du risque au niveau du portefeuille, du programme ou du projet. Les résultats sont présentés et des actions potentielles sont proposées afin d'être appliquées par la suite. Il s'agit de toute directive qui s'applique de façon générale à l'organisation. Les résultats peuvent entraîner une mise à jour des actifs organisationnels correspondants.

4.8.1 OBJET DU PROCESSUS MAÎTRISER LES RISQUES

Ce processus permet principalement de suivre les risques identifiés et d'assurer la viabilité des plans de réponse. Parallèlement au suivi et à la gestion des actions de réponse aux risques, l'efficacité de tous les processus de gestion des risques est régulièrement évaluée afin d'améliorer la gestion du travail en cours et du travail à venir dans le cadre d'une activité comme les retours d'expérience.

Un ensemble de conditions de déclenchement est indiqué pour tout risque ou ensemble de risques dont une réponse conditionnelle a été définie. Le chargé de risque est tenu de veiller à ce que ces conditions fassent l'objet d'un suivi efficace et que les actions associées soient menées comme prévu et en temps voulu.

4.8.2 PRINCIPAUX FACTEURS DE RÉUSSITE DU PROCESSUS MAÎTRISER LES RISQUES

Les principaux facteurs de réussite liés à la sensibilisation aux risques tout au long du cycle de vie sont, notamment, les suivants :

- maîtrise intégrée des risques ;
- suivi constant des conditions de déclenchement des risques ;
- sensibilisation aux risques.

5

GESTION DES RISQUES DANS LE CONTEXTE DU MANAGEMENT DE PORTEFEUILLE

La gestion des risques dans le domaine du portefeuille consiste à garantir la création efficace de valeur par l'atteinte des objectifs stratégiques de l'organisation. Celle-ci est rendue possible en associant la gestion des opportunités et des menaces.

Au niveau du portefeuille, la gestion des risques tient compte du cadre organisationnel dans son intégralité. Un portefeuille est un ensemble de projets, de programmes, de portefeuilles secondaires et d'opérations, managés en tant que groupe, afin d'atteindre des objectifs stratégiques. La gestion des risques dans le domaine du portefeuille vise à ce que tous les composants mettent en place des processus efficaces pour gérer l'ensemble du cycle de vie de la gestion des risques.

L'un des principaux objectifs du management de portefeuille est de constituer un portefeuille efficient au risque, où l'organisation choisit d'accepter un niveau de risque approprié du portefeuille afin d'obtenir la valeur requise pour sa stratégie globale. Pour cela, il suffit d'ajouter ou de supprimer des composants du portefeuille selon qu'ils contribuent ou non à l'exposition aux risques globaux et à la valeur stratégique.

5.1 CYCLE DE VIE DE LA GESTION DES RISQUES DU PORTEFEUILLE

Le cycle de vie de la gestion des risques, tel que décrit à la section 4, s'applique généralement au management de portefeuille. Il convient néanmoins de prendre en considération d'autres aspects des processus associés.

5.1.1 IDENTIFICATION DES RISQUES DU PORTEFEUILLE

Ce processus est axé sur l'identification des risques ayant un impact sur la réalisation de la performance économique attendue, ainsi que sur la capacité de l'organisation à mettre en œuvre sa stratégie et à atteindre ses objectifs stratégiques.

Il existe deux niveaux de risque.

- **Les risques stratégiques.** Il s'agit des risques identifiés directement au niveau du portefeuille et déclenchés par les activités du portefeuille. Les risques stratégiques incluent les activités liées à la réalisation de la performance par les composants du portefeuille et celles ayant un impact sur la capacité de l'organisation à atteindre ses objectifs stratégiques.
- **Les risques tactiques.** Il s'agit des risques identifiés lors des processus de gestion au niveau du portefeuille ou escaladés à partir des composants du portefeuille.

En général, les risques susceptibles d'avoir un impact sur les composants du portefeuille incluent les catégories suivantes :

- évolution des besoins, de l'environnement ou du contexte de l'organisation ;
- disponibilité des ressources ;
- interactions entre les composants ;
- incompatibilité des objectifs des composants.

5.1.2 ANALYSES QUALITATIVE ET QUANTITATIVE DES RISQUES DU PORTEFEUILLE

Pour évaluer les risques du portefeuille, il est nécessaire de tenir compte de l'impact des risques sur la réalisation de la performance attendue ou l'exécution de la stratégie de l'organisation. Ces analyses sont réalisées en partie dans le but de déterminer si le niveau d'impact relève de la responsabilité du chef de portefeuille.

Lorsque l'impact touche la performance ou les objectifs stratégiques du portefeuille, il est généralement géré de manière opérationnelle au niveau du portefeuille. Lorsque l'impact touche la capacité de l'organisation à exécuter sa stratégie et à créer la valeur attendue, le risque et la responsabilité de répondre au risque sont escaladés à un niveau supérieur de gouvernance.

5.1.3 STRATÉGIES DE RÉPONSE AUX RISQUES DU PORTEFEUILLE

Dans le cadre de la gestion des risques du portefeuille, les réponses aux risques sont axées sur l'exploitation des opportunités et la maximisation de la création de valeur pour l'organisation et ses parties prenantes. Cette pratique ne se limite pas à la gestion des menaces qui, dans le domaine du portefeuille, sont de simples limites aux actions. Le management de portefeuille consiste également à répondre aux risques escaladés par ses composants afin d'être gérés efficacement au niveau approprié.

En principe, toutes les réponses potentielles décrites dans la section 4.6 peuvent être utilisées pour gérer les risques au niveau du portefeuille.

Les stratégies de réponse aux risques établies au niveau du portefeuille comprennent les activités documentées dans le plan de gestion des risques du portefeuille. De plus, certaines réponses sont définies à la suite d'une escalade par les composants. Ces activités sont inscrites au budget et financées par les sources concernées. Parmi les sources de financement figurent le budget du portefeuille ou du composant alloué aux réponses préventives, les réserves pour aléa au titre de la gestion des occurrences de risques connus ou les réserves pour imprévus au titre de la gestion des points à traiter liés aux risques imprévus.

Les réponses aux risques peuvent être planifiées en tant que composants supplémentaires du portefeuille, comme les projets, les programmes, les portefeuilles subsidiaires ou les éléments du cadre de gouvernance du portefeuille. Le but de ces composants est d'optimiser la performance économique ou d'améliorer l'exécution de la stratégie de l'organisation en vue d'atteindre les objectifs stratégiques. Parfois, la réponse aux risques peut également entraîner la suppression de composants du portefeuille.

5.1.4 EXÉCUTION DES RÉPONSES AUX RISQUES DU PORTEFEUILLE

L'exécution des réponses aux risques du portefeuille inclut :

- le lancement de réponses aux risques telles que définies dans le plan de gestion des risques du portefeuille ;
- le transfert du budget correspondant depuis la réserve pour aléa vers le budget à terminaison ;
- la mise à jour des références de base du portefeuille.

Les réponses aux risques planifiées en tant que nouveaux composants font désormais partie du portefeuille et sont soumises à l'application des processus standard de déploiement et de livraison du portefeuille.

Toute réponse aux risques formellement approuvée devient partie intégrante du plan de management de portefeuille. L'exécution d'une telle réponse ne correspond pas à un changement du portefeuille amorcé par une procédure formelle de gestion des changements du portefeuille. Toutefois, toute nouvelle réponse planifiée pour traiter des risques émergents devient partie intégrante de la procédure de gestion des changements du portefeuille.

5.1.5 MAÎTRISE DES RISQUES DU PORTEFEUILLE

La maîtrise des risques du portefeuille est une activité tactique et stratégique, décrite comme suit.

- **Activité tactique.** Elle consiste à superviser les aspects liés à l'exécution des actions d'anticipation et de réponse aux risques identifiés. Elle permet également de gérer correctement les risques opérationnels ou systémiques susceptibles d'avoir un impact sur le portefeuille.
- **Activité stratégique.** Elle consiste à tenir compte de l'évolution des caractéristiques des risques de chaque composant du portefeuille, du profil du risque global du portefeuille et de l'impact de cette évolution sur la performance de l'organisation. Elle porte sur l'élaboration et la mise en œuvre de la stratégie de l'organisation, ainsi que sur l'atteinte des objectifs stratégiques. Ces profils de risque sont régulièrement analysés afin d'identifier les tendances possibles qui pourraient mettre en lumière de nouveaux risques ou l'inefficacité des stratégies de réponse.

Le suivi des réponses aux risques s'appuie sur des paramètres quantitatifs et des évaluations qualitatives. Ces réponses aux risques sont conçues pour gérer efficacement le risque concerné afin de favoriser ou de maintenir la réalisation de la performance attendue et l'exécution de la stratégie de l'organisation. L'évaluation qualitative repose sur la révision de l'analyse des risques afin de s'assurer que ces plans sont efficaces.

La maîtrise des risques du portefeuille implique de s'assurer que les éléments du cadre de gouvernance associés aux risques sont correctement appliqués par les responsables des composants du portefeuille et qu'ils sont efficaces.

5.2 INTÉGRATION DE LA GESTION DES RISQUES DANS LES DOMAINES DE PERFORMANCE DU MANAGEMENT DE PORTEFEUILLE

Pour atteindre les objectifs du portefeuille, il est nécessaire d'appliquer certaines pratiques de gestion des risques à tous les domaines de performance tout au long du cycle de vie du portefeuille (voir la figure 5-1). Ces pratiques s'appliquent généralement aux aspects illustrés dans le tableau 5-1.

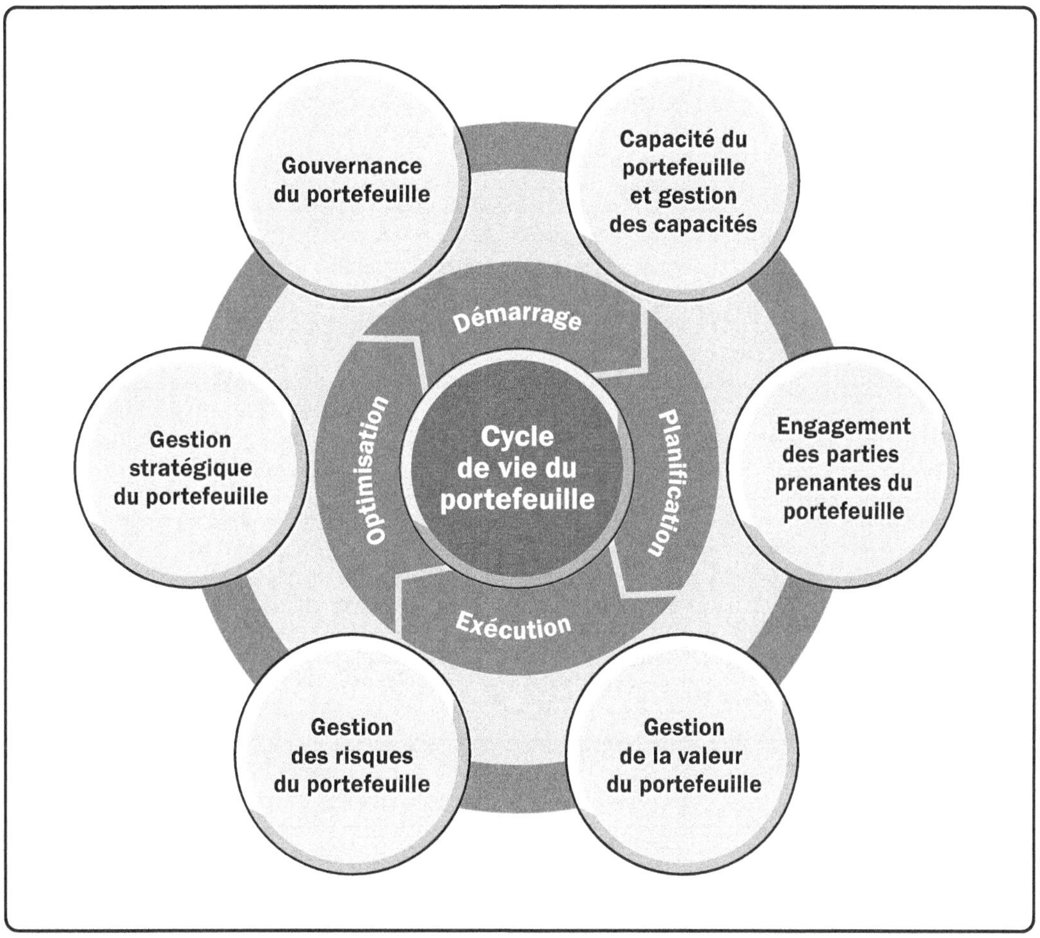

Figure 5-1. Domaines de performance du management de portefeuille (Source : *The Standard for Portfolio Management* [2])

Tableau 5-1. Aspects des domaines de performance du management de portefeuille généralement traités par les pratiques de gestion des risques.

Domaine de performance	Aspects traités par les pratiques de gestion des risques
Gestion stratégique du portefeuille	• Alignement sur la stratégie et l'attitude face au risque de l'organisation • Qualité de la stratégie de l'organisation • Impact des changements stratégiques au sein de l'organisation • Interprétation de la mission, de la vision, des buts stratégiques et des objectifs du portefeuille • Impact des opportunités et des menaces externes
Gouvernance du portefeuille	• Structures, politiques et procédures de gouvernance du portefeuille • Affectation des personnes aux principaux rôles de gouvernance • Audits axés sur les risques • Utilisation des rapports d'audit
Gestion des compétences et des capacités du portefeuille	• Impact du portefeuille sur les autres activités de l'organisation • Impact des autres activités de l'organisation • Capital humain, financier et intellectuel • Disponibilité et compatibilité des principaux actifs • Capacité requise pour gérer les risques • Impact de la culture, de la structure et des principaux processus de l'organisation • Capacité des partenaires et des fournisseurs • Utilisation des rapports sur la performance • Impact de l'optimisation du portefeuille sur la création de valeur
Engagement des parties prenantes du portefeuille	• Méthodes d'identification, de catégorisation et d'analyse des parties prenantes • Attitude des principales parties prenantes du portefeuille • Interactions et conflits d'intérêts • Moyens d'engager les parties prenantes • Portée, canaux, techniques et fréquence de communication
Gestion de la valeur du portefeuille	• Opportunités d'accroître la création de valeur • Tendances dans l'environnement du portefeuille • Alignement des cibles importantes sur l'attitude face au risque • Impact des risques des composants sur la création de valeur • Approche des négociations de la valeur attendue
Gestion des risques du portefeuille	• Approche de gestion des risques • Risques généraux du portefeuille • Effets cumulés des risques des composants • Politiques d'escalade des risques

5.2.1 MANAGEMENT STRATÉGIQUE DE PORTEFEUILLE

Le management stratégique de portefeuille consiste à favoriser/saisir les opportunités stratégiques, et à éviter/atténuer les menaces susceptibles d'empêcher l'organisation d'atteindre son plein potentiel. Par conséquent, la gestion des risques dans le contexte du management stratégique de portefeuille est axée sur l'identification et la gestion active de ces opportunités et menaces qui pourraient avoir un impact considérable sur la réalisation de la stratégie de l'organisation.

5.2.2 GOUVERNANCE DU PORTEFEUILLE

La gouvernance du portefeuille a pour mission de garantir un management approprié du portefeuille. Cela implique notamment de répondre aux exigences de gouvernance sur les plans juridique, réglementaire et organisationnel. Dans le cadre de la gouvernance du portefeuille, la gestion des risques doit s'appuyer sur le potentiel de l'organisation pour assurer avec efficacité des pratiques adéquates de gouvernance et de management, mais aussi pour éviter ou atténuer les menaces pouvant entraîner un management inefficace ou inapproprié du portefeuille.

5.2.3 GESTION DES COMPÉTENCES ET DES CAPACITÉS DU PORTEFEUILLE

Dans le cadre de la gestion des compétences et des capacités du portefeuille, la gestion des risques se concentre sur l'impact réciproque du portefeuille et des opérations associées. De plus, elle consiste à veiller à ce que le capital et les actifs confiés au chef du portefeuille pour les programmes et projets des composants soient utilisés et développés convenablement.

5.2.4 ENGAGEMENT DES PARTIES PRENANTES DU PORTEFEUILLE

Les principales parties prenantes du portefeuille comptent généralement les cadres dirigeants et responsables de l'organisation, ainsi que leurs homologues au sein des organisations des principaux partenaires, fournisseurs et clients. Les responsables des composants représentent un autre groupe de parties prenantes du portefeuille. Dans cette optique, la gestion des risques du portefeuille est axée sur les opportunités d'accroître l'efficacité dans la réalisation de la stratégie de l'organisation, ainsi que sur les menaces qui pourraient affecter la capacité à le faire.

5.2.5 GESTION DE LA VALEUR DU PORTEFEUILLE

La gestion de la valeur du portefeuille vise à s'assurer que l'investissement dans les composants du portefeuille favorise la création de la valeur attendue. Dans ce contexte, la gestion des risques est axée sur l'optimisation des opportunités d'accroître la valeur créée et la réponse aux menaces susceptibles de diminuer la valeur ou la probabilité de création de valeur.

5.2.6 GESTION DES RISQUES DU PORTEFEUILLE

La gestion des risques du portefeuille veille à ce que le risque au niveau du portefeuille et de ses composants soit reconnu et géré de manière efficace. Pour cela, il est nécessaire de s'appuyer sur les pratiques de gestion des risques et de gouvernance des risques. Ces pratiques sont essentielles pour faire face à l'incertitude au niveau du portefeuille. Par conséquent, elles sont également analysées sous l'angle du risque. Ensuite, des mesures adéquates sont prises pour appliquer la gestion des risques de manière efficace.

6

GESTION DES RISQUES DANS LE CONTEXTE DU MANAGEMENT DE PROGRAMME

La gestion des risques dans le domaine du programme consiste à garantir une réalisation optimale des bénéfices du programme. Celle-ci est rendue possible en associant la gestion des opportunités et des menaces.

L'une des principales caractéristiques d'un programme est sa complexité, un aspect dont la gestion des risques tient compte. Les pratiques de la gestion des risques d'un programme s'appuient sur les opportunités pour réduire la complexité et traiter les menaces découlant de la complexité.

Un programme se compose des projets, des programmes secondaires et des activités de programme apparentés dont la gestion est coordonnée afin d'obtenir des bénéfices qui ne seraient pas possibles en les traitant isolément. La gestion des risques vise à ce que tous ces composants aient des processus efficaces pour gérer l'ensemble du cycle de vie de la gestion des risques.

6.1 CYCLE DE VIE DE LA GESTION DES RISQUES DU PROGRAMME

Le cycle de vie de la gestion des risques, tel que décrit à la section 4, s'applique généralement au management de programme. Il convient néanmoins de prendre en considération d'autres aspects des processus associés.

6.1.1 IDENTIFICATION DES RISQUES DU PROGRAMME

Ce processus consiste à identifier les risques qui pourraient avoir un impact sur la réalisation des bénéfices attendus. Il se concentre également sur la capacité de l'organisation à récupérer et à utiliser les résultats des composants appartenant au périmètre du programme.

Les risques du programme peuvent être identifiés à trois niveaux :

- les risques découlant du niveau du portefeuille ou de l'entreprise qui influent sur l'atteinte des objectifs du programme ;
- les risques identifiés directement au niveau du programme et suscités par les activités du programme, leurs interdépendances et les activités d'intégration des résultats des composants en vue de produire les bénéfices attendus ;
- les risques escaladés depuis les composants du programme.

Les risques du domaine du programme sont identifiés depuis leurs perspectives opérationnelle et contextuelle.

- **Risques opérationnels.** Au niveau opérationnel, les risques sont déclenchés directement par des activités du programme, comme l'intégration des résultats du projet et leur transition, la gestion des changements et le lancement des activités opérationnelles. Certains risques opérationnels peuvent découler de l'escalade des risques des composants si ceux-ci ont un impact qui dépasse le périmètre de responsabilité des responsables des composants ou leurs budgets spécifiques.
- **Risques contextuels.** Les risques contextuels sont des risques issus de l'environnement stratégique et organisationnel du programme, des parties prenantes et des variations de la stratégie ou de l'évolution de l'environnement d'entreprise ou du cas d'affaires du programme. Certains risques contextuels peuvent également être escaladés depuis les composants du programme lorsque leurs impact et gestion dépassent les limites de responsabilité des responsables des composants.

Certains risques identifiés au niveau du programme ou escaladés depuis le projet peuvent nécessiter une escalade vers le domaine de l'entreprise ou du portefeuille. Il s'agit des risques ayant un impact sur les performances économiques et opérationnelles réalisées par l'exploitation des capacités métier créées par le programme. Les risques escaladés suivent les mêmes processus d'analyses que d'autres risques identifiés au niveau du programme (voir la section 6.1.2).

6.1.2 ANALYSES QUALITATIVE ET QUANTITATIVE DES RISQUES DU PROGRAMME

Pour évaluer les risques du programme, il est nécessaire de tenir compte de l'ampleur de l'impact de chaque risque sur la réalisation des bénéfices attendus ou le développement de la capacité attendue de l'organisation. Ces analyses ont pour but d'évaluer si l'impact peut être contenu ou non dans les limites du budget du programme.

Si l'impact affecte la capacité du programme à réaliser ses bénéfices ou capacités organisationnelles, le risque est géré au niveau du programme.

Si l'impact affecte la capacité de l'organisation à réaliser les performances et valeur attendues grâce aux bénéfices et aux capacités créés par le programme, le risque et sa gestion sont escaladés vers le domaine de l'entreprise ou du portefeuille. De plus, le risque et sa gestion sont escaladés lorsque le risque affecte les performances financières et opérationnelles attendues anticipées à partir des nouvelles capacités au-delà des seuils convenus.

6.1.3 STRATÉGIES DE RÉPONSE AUX RISQUES DU PROGRAMME

En principe, toutes les réponses potentielles décrites dans la section 4.6 peuvent être utilisées pour gérer les risques au niveau du programme.

Les stratégies élaborées au niveau du programme pour gérer les risques se composent des activités convenues dans le plan de gestion des risques et inscrites dans la réserve pour aléa ou le budget du programme. Certaines réponses sont également définies à la suite d'une escalade depuis les composants.

Ces réponses aux risques consistent à ajouter des activités ou des composants, à mettre à jour les références de base ou à supprimer des composants du programme.

Ces nouveaux composants sont destinés à optimiser la création d'autres bénéfices ou à favoriser le développement des capacités de l'organisation. Ils peuvent également servir à maintenir ou à renforcer la contribution du programme afin d'atteindre les objectifs spécifiques apparentés ou de minimiser les menaces pensant sur les objectifs et la stratégie de l'organisation.

6.1.4 EXÉCUTION DES RÉPONSES AUX RISQUES DU PROGRAMME

L'exécution des réponses aux risques du programme comprend :

- le lancement de réponses aux risques telles que définies dans le plan de gestion des risques ;
- le transfert du budget correspondant depuis les réserves vers le budget à terminaison ;
- la mise à jour des références de base du programme.

Lorsque de nouveaux composants sont ajoutés, ils entrent dans le périmètre normal du programme et sont soumis à l'application des processus standard de livraison et de déploiement du programme.

L'exécution des réponses aux risques au niveau des composants s'exerce en coordination avec les réponses exécutées dans le domaine du programme. Toute réponse aux risques formellement approuvée devient partie intégrante du plan de management de programme. L'exécution d'une réponse aux risques approuvée ne correspond pas à un changement du programme amorcé par une procédure formelle de gestion des changements du programme. Toutefois, toute nouvelle réponse planifiée pour traiter des risques émergents devient partie intégrante de la procédure de gestion des changements du programme.

6.1.5 MAÎTRISE DES RISQUES DU PROGRAMME

La maîtrise des risques du programme est une activité tactique et stratégique, décrite comme suit.

- **Activité tactique.** Elle consiste à superviser les aspects liés à l'exécution des actions d'anticipation et de réponse aux risques identifiés.
- **Activité stratégique.** Elle consiste à tenir compte de l'évolution des caractéristiques des risques de chaque composant du programme, du profil de risque général du programme et de l'impact de cette évolution sur les bénéfices ou les capacités de l'organisation qui sont censés être créés. Ces profils de risque sont régulièrement analysés afin d'identifier les tendances possibles qui mettent en lumière de nouveaux risques ou l'inefficacité des stratégies de réponse.

Les réponses aux risques sont maîtrisées sur la base de leurs paramètres quantitatifs et qualitatifs, tels que définis dans les plans de management en tenant compte de l'impact général du composant au niveau de l'entreprise.

Ces réponses aux risques sont conçues pour traiter efficacement les risques spécifiques apparentés et contribuer à renforcer ou à maintenir la réalisation des bénéfices attendus. Il est important de réaliser une évaluation qualitative afin de garantir des réponses aux risques efficaces.

La maîtrise des risques du programme implique également de s'assurer que les éléments du cadre de gouvernance associés aux risques sont correctement appliqués par les responsables des composants du programme et sont efficaces.

6.2 INTÉGRATION DE LA GESTION DES RISQUES DANS LES DOMAINES DE PERFORMANCE DU MANAGEMENT DE PROGRAMME

Pour atteindre leurs objectifs, certaines pratiques de gestion des risques doivent être appliquées à tous les domaines de performance tout au long du cycle de vie du programme (voir la figure 6-1). Ces pratiques s'appliquent généralement aux aspects illustrés dans le tableau 6-1.

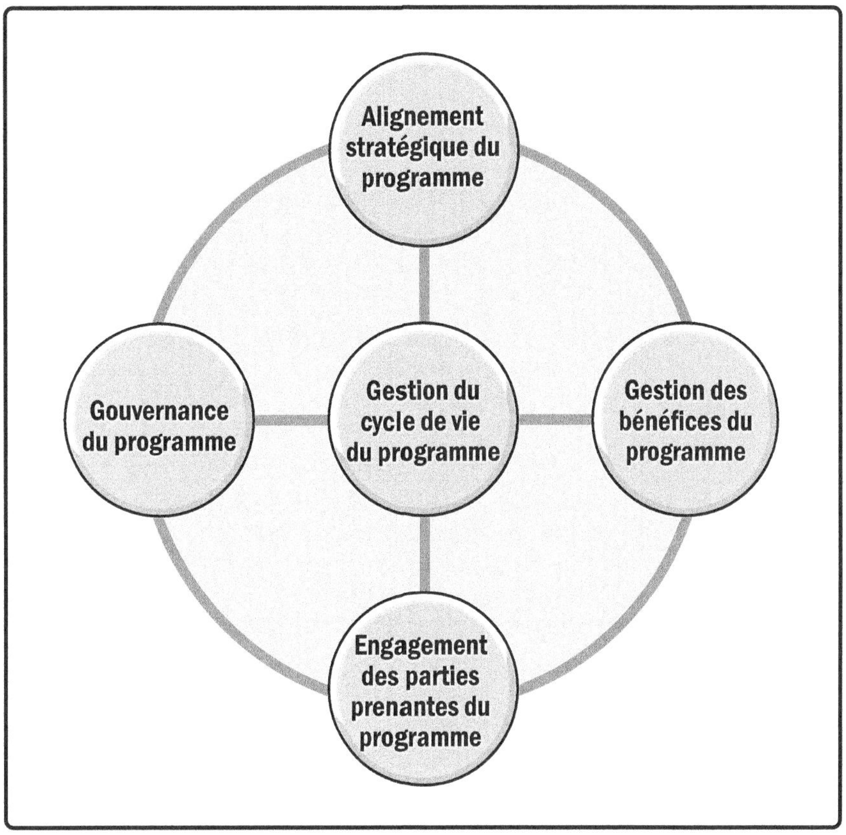

Figure 6-1. Domaines de performance du management de programme
(Source : *Le Standard de management de programme* [3]).

Tableau 6-1. Aspects des domaines de performance du management de programme généralement traités par les pratiques de gestion des risques.

Domaine de performance	Aspects traités par les pratiques de gestion des risques
Alignement stratégique du programme	• Cas d'affaires du programme • Approche de gestion des risques du programme • Évaluations environnementales
Gestion des bénéfices du programme	• Objectifs du programme • Opportunités de nouveaux bénéfices • Efficience et efficacité de la réalisation des bénéfices • Durabilité des bénéfices du programme
Engagement des parties prenantes du programme	• Méthodes d'identification, de catégorisation et d'analyse des parties prenantes • Attitude des principales parties prenantes du programme • Interactions et conflits d'intérêts • Moyens d'engager les parties prenantes • Portée, canaux, techniques et fréquence de communication
Gouvernance du programme	• Structures, politiques et procédures de gouvernance du programme • Affectation des personnes aux principaux rôles de gouvernance • Complexité du programme • Politiques d'escalade des risques • Efficacité de la gestion des risques
Gestion du cycle de vie du programme	• Activités de la phase de définition du programme • Autorisation et planification des composants • Surveillance et intégration des composants • Transition des composants

6.2.1 ALIGNEMENT STRATÉGIQUE DU PROGRAMME

L'alignement stratégique du programme consiste à s'assurer qu'un programme contribue à la stratégie de l'organisation, comme prévu. Dans ce domaine, les efforts en matière de gestion des risques se penchent sur les nouvelles opportunités et menaces stratégiques. Ces efforts peuvent mener à une redéfinition appropriée du programme ou à des changements des composants pertinents du programme, si nécessaire.

6.2.2 GESTION DES BÉNÉFICES DU PROGRAMME

La gestion des bénéfices du programme vise à garantir la bonne réalisation des bénéfices du programme décrits dans le cas d'affaires et d'autres documents de gouvernance du programme. La gestion des risques a pour but principal de gérer les opportunités qui pourraient accroître ces bénéfices, de livrer les opportunités de manière plus efficace et de traiter les menaces qui pourraient compromettre les efforts du programme à réaliser ses bénéfices.

6.2.3 ENGAGEMENT DES PARTIES PRENANTES DU PROGRAMME

Les principales parties prenantes du point de vue du programme comprennent généralement les membres du comité de gouvernance du programme, le chef de programme, les responsables des composants du programme, les partenaires, les principaux fournisseurs et les organismes de réglementation ayant une influence sur les bénéfices du programme ou influencés par ceux-ci. Dans cette optique, la gestion des risques du programme est axée sur les opportunités d'accroître l'efficacité de la réalisation des bénéfices du programme et de minimiser les menaces qui pourraient diminuer la capacité de le faire. Pour ce faire, les parties prenantes du programme doivent faire preuve d'un engagement efficace. Ainsi, la cohérence des stratégies de gestion des parties prenantes au niveau des composants du programme peut être garantie.

6.2.4 GOUVERNANCE DU PROGRAMME

La gouvernance du programme s'appuie sur le cadre, les fonctions et les processus nécessaires à la maîtrise, à la gestion et au soutien d'un programme en vue d'atteindre les objectifs stratégiques et opérationnels de l'organisation. Elle traite également de la complexité du programme dans un effort pour le réduire. Ces activités sont assurées grâce aux pratiques de gestion des risques, axées sur l'analyse des différentes approches de gouvernance du point de vue du risque. L'analyse des risques permet d'étayer le choix des personnes qui assumeront les principaux rôles de gouvernance.

Le processus d'escalade des risques représente l'un des principaux éléments de la gouvernance du programme du point de vue de la gestion des risques. Il est intégré aux processus des composants et soutenu par les processus et les structures de gouvernance du programme.

6.2.5 GESTION DU CYCLE DE VIE DU PROGRAMME

La gestion du cycle de vie du programme vise à garantir un déroulement efficace des activités de définition, de livraison et de clôture du programme. Ceci permet de réaliser les bénéfices du programme à l'aide d'un ensemble approprié de composants, selon la bonne séquence et conformément au cas d'affaires et aux autres documents de gouvernance du programme.

La gestion des risques se concentre ici sur l'identification et la gestion des risques du programme le plus tôt possible. L'identification, l'analyse et la planification des réponses aux risques sont entièrement intégrées à toutes les activités du programme et des composants.

6.2.6 ACTIVITÉS DE SOUTIEN DU PROGRAMME

La gestion des activités du programme est souvent bien différente du niveau des composants. Malgré cela, les processus de gestion des risques des activités de soutien du programme sont similaires par nature aux projets des composants.

La gouvernance du programme établit des politiques relatives à la gestion des risques entre le programme et ses composants, notamment les mécanismes d'escalade. Ceci permet de veiller à ce qu'aucun écart entre les niveaux des composants et du programme n'échappe aux pratiques de gestion des risques.

7

GESTION DES RISQUES DANS LE CONTEXTE DU MANAGEMENT DE PROJET

La gestion des risques dans le domaine du projet consiste à favoriser l'obtention des résultats du projet menant à la réalisation des bénéfices pour lesquels le projet a été entrepris. De plus, elle contribue à s'assurer que ces résultats sont obtenus compte tenu des contraintes identifiées du projet.

Les projets ont pour but de créer un produit, un service ou un résultat unique. Les risques du projet résultent de l'incertitude qui entoure certaines activités opérationnelles et certains facteurs environnementaux de l'organisation. La réussite du projet est évaluée par rapport à la capacité d'obtenir un résultat tangible. Par conséquent, les risques gérés au niveau du projet sont évalués, puis examinés en fonction de leur impact potentiel sur la capacité à obtenir un résultat tangible. L'évaluation et l'analyse des risques se concentrent sur l'aspect tactique. Toute autre considération en termes d'impact sur la création de la valeur attendue ou des bénéfices attendus est escaladée au niveau de la gouvernance du portefeuille ou du programme.

Les équipes projet doivent avoir une bonne visibilité des objectifs stratégiques. Ceci permet un management de projet efficace et proactif, ainsi que la génération de rapports sur les principales opportunités et menaces susceptibles d'avoir un impact sur les objectifs.

7.1 CYCLE DE VIE DE LA GESTION DES RISQUES DU PROJET

Le cycle de vie de la gestion des risques, tel que décrit à la section 4, s'applique généralement au management de projet. Il convient néanmoins de prendre en considération d'autres aspects des processus associés.

7.1.1 IDENTIFICATION DES RISQUES DU PROJET

L'identification des risques au niveau du projet s'appuie sur des données d'entrée opérationnelles et contextuelles. Les données d'entrée opérationnelles proviennent des activités du projet. Parmi celles-ci figure ce qui suit.

- **Énoncé du périmètre du projet.** Un certain nombre de risques sont liés aux spécifications et aux techniques convenues de livraison des produits, des services ou d'autres résultats attendus du projet.
- **Cycle de vie du projet.** Le cycle de vie, quelle qu'en soit la forme choisie, comporte des risques.
- **Organigramme des travaux du projet (Work Breakdown Structure, WBS), liste d'activités ou backlog.** Un certain nombre de risques sont directement liés à la décomposition du travail du projet et sont déclenchés lors de son exécution.
- **Estimations.** Des estimations de la durée, du coût, de l'effort et des ressources sont réalisées. La précision recherchée correspond au niveau de risque toléré pour cette estimation.
- **Dépendances et séquence de travail.** Les interdépendances et la séquence de travail qui en résultent représentent des sources de risque. Une attention particulière doit être portée au chemin critique et aux dépendances externes qui découlent du partage des ressources avec d'autres projets. La criticité des risques liés aux éléments de ce chemin critique peut changer à mesure que le chemin critique évolue durant le cycle de vie du projet.
- **Plans d'approvisionnement.** La sous-traitance d'une partie du périmètre du projet peut être une action de transfert du risque. Elle peut également déclencher de nouveaux risques.
- **Demandes de changement.** À chaque changement apporté au projet, certains risques sont éliminés et d'autres apparaissent.
- **Données historiques.** L'expérience a montré qu'il est important d'identifier les risques systémiques et de les traiter automatiquement.

Les risques contextuels découlent de la prise en considération des facteurs environnementaux de l'organisation et des aspects stratégiques ou organisationnels qui façonnent l'environnement du projet, notamment les suivants :

- **Analyse des parties prenantes.** Toutes les principales parties prenantes peuvent créer des opportunités. Lorsqu'elles sont mal gérées, elles introduisent des menaces qu'il conviendra d'atténuer.
- **Cas d'affaires.** Le cas d'affaires implique souvent un facteur de rentabilité ou de retour sur investissement positif qui est exposé à un certain niveau d'incertitude ou de risque. La capacité à obtenir et à conserver les bénéfices au-delà de la clôture du projet fait partie de l'identification des risques. Les risques ayant un impact sur la réalisation de bénéfices peuvent être gérés durant l'exécution du projet.

- **Facteurs de réussite au niveau de la gouvernance du programme ou du portefeuille.** Ces facteurs peuvent varier au fil du temps et modifier le niveau de priorité du projet dans le programme ou le portefeuille.
- **Facteurs environnementaux de l'organisation.** Les facteurs, comme la stratégie de l'organisation, sa structure, les dynamiques de son environnement économique et la variabilité de son environnement réglementaire, sont des déclencheurs de risques ayant un impact direct sur le projet.

7.1.2 ANALYSE QUALITATIVE ET QUANTITATIVE DES RISQUES DU PROJET

L'évaluation des risques du projet tient compte du degré d'impact sur les objectifs du projet et de la probabilité d'occurrence. Ces analyses ont pour but d'évaluer si l'impact peut être contenu ou non dans les limites du budget du projet et de la responsabilité du chef de projet. Les risques dont l'impact peut être contenu dans les limites de la responsabilité du chef de projet et de l'équipe projet sont gérés à l'aide de la stratégie et du plan de gestion des risques du projet. Tout impact qui dépasse les limites de responsabilité est escaladé au niveau de gouvernance approprié.

Lorsque l'impact du risque peut être contenu dans les limites du budget du projet, mais aussi de la responsabilité du chef de projet et de l'équipe projet, il est géré au niveau du projet.

Si le risque affecte la capacité de l'organisation à obtenir ou à préserver les bénéfices attendus, le risque et sa gestion sont escaladés au niveau de gouvernance approprié.

7.1.3 STRATÉGIES DE RÉPONSE AUX RISQUES DU PROJET

En principe, toutes les réponses potentielles décrites dans la section 4.6 peuvent être utilisées pour gérer les risques au niveau du projet.

Les stratégies élaborées pour gérer les risques du projet englobent les activités encadrées par le plan de gestion des risques, inscrites au budget et financées par la réserve pour aléa du projet. Les réponses aux risques comprennent les activités ou lots de travaux pour mettre à jour les références de base du projet ou supprimer des activités de ces références de base.

Lorsque le projet fait partie d'un programme ou est géré dans le cadre d'un portefeuille, l'escalade des risques à un niveau supérieur de gouvernance constitue toujours une des réponses. L'escalade permet de gérer efficacement des risques spécifiques ayant un impact sur le programme ou le portefeuille ou des risques nécessitant des fonds supérieurs aux réserves pour aléa.

7.1.4 EXÉCUTION DES RÉPONSES AUX RISQUES DU PROJET

Les réponses aux risques d'un projet s'exécutent conformément au plan de gestion des risques. Pour cela, les fonds correspondants des réserves du budget sont utilisés, et les références de base du projet sont mises à jour. Ensemble, ces activités font partie du périmètre du projet et sont soumises à l'application des processus de réalisation du projet.

Le plan de réponse aux risques n'est pas mis en place à l'aide d'une procédure formelle de gestion des changements du projet. Une réponse aux risques fait partie du plan de management du projet et ne nécessite aucun processus formel de maîtrise des changements, étant donné qu'elle a déjà été approuvée dans le cadre du plan de gestion des risques.

7.1.5 MAÎTRISE DES RISQUES DU PROJET

Maîtriser les risques au niveau du projet consiste à :

- vérifier l'état des risques ayant déjà été identifiés ;
- contrôler qu'un risque connu ne s'est pas produit, ou n'est pas sur le point de se produire ;
- suivre l'état de toutes les actions mises en œuvre pour répondre à la détection ou à l'occurrence d'un risque.

Ces activités entraînent généralement des mises à jour des plans, des registres et des documents de contrôle. De plus, les rapports sur la performance sont régulièrement analysés afin d'identifier les tendances possibles qui pourraient mettre en lumière de nouveaux risques ou l'inefficacité des stratégies de réponse.

Les réponses aux risques visant à anticiper et prévenir l'occurrence des menaces ou à saisir et favoriser les opportunités sont mises en œuvre conformément à leurs paramètres quantitatifs en matière de durée, de coût, de périmètre et de spécifications. Une évaluation qualitative est réalisée afin de mesurer l'efficacité du traitement de risques spécifiques survenus.

7.2 INTÉGRATION DE LA GESTION DES RISQUES DANS LES GROUPES DE PROCESSUS DU MANAGEMENT DE PROJET

Le Guide du Corpus des connaissances en management de projet (Guide® PMBOK) [4] contient une description du domaine de connaissance de la gestion des risques du projet. Une analyse de la relation entre les processus de la gestion des risques du projet et d'autres domaines de connaissance est proposée ci-après. Il existe diverses pratiques générales de la gestion des risques qui peuvent s'appliquer tout au long du cycle de vie du projet. Les sections suivantes résument, dans les grandes lignes, ces pratiques pour les groupes de processus et les domaines de connaissance illustrés dans le tableau 7-1.

Tableau 7-1. Aspects des groupes de processus du management de projet et domaines de connaissance généralement traités par les pratiques de gestion des risques.

Domaines de connaissance	Groupes de processus de management de projet				
	Groupe de processus d'initialisation	Groupe de processus de planification	Groupe de processus d'exécution	Groupe de processus de maîtrise	Groupe de processus de clôture
Gestion de l'intégration du projet	• Risques à fort impact • Définition des objectifs et du périmètre général • Sélection du cycle de vie	• Intégrité des processus de planification • Qualité des données	• Processus de livraison • Transfert des connaissances liées aux risques • Utilisation des retours d'expérience et des données historiques	• Intégrité du contrôle • Risques liés aux changements	• Transition des résultats • Durabilité des bénéfices
Gestion du périmètre du projet		• Approche de gestion du périmètre et des exigences • Approche de décomposition		• Approche de validation • Approche de contrôle • Utilisation des données de performance d'exécution	
Gestion de l'échéancier du projet		• Approche de gestion de l'échéancier • Estimation		• Approche de contrôle • Utilisation des données de performance d'exécution	
Gestion des coûts du projet		• Financement • Gestion des coûts • Estimation		• Approche de contrôle • Utilisation des données de performance d'exécution	
Gestion de la qualité du projet		• Approche de gestion de la qualité et métriques • Amélioration des processus	• Culture de la qualité	• Approche de contrôle • Utilisation des données de performance d'exécution	
Gestion des ressources du projet		• Approche de gestion des ressources • Estimation	• Obtention des ressources • Développement et gestion d'équipe	• Approche de contrôle • Utilisation des données de performance d'exécution	
Gestion des communications du projet		• Approche, portée et fréquence des communications	• Canaux et techniques de communication	• Approche de maîtrise • Utilisation des données de performance d'exécution	
Gestion des risques du projet		• Attitude face au risque • Approche de gestion des risques • Adaptation au cycle de vie • Intégration aux autres plans du projet • Tolérances • Risques secondaires et résiduels	• Responsabilité des processus de gestion des risques • Responsabilité de l'exécution des réponses	• Approche de maîtrise • Utilisation des données de performance d'exécution • Amélioration continue de la gestion des risques	
Gestion des approvisionnements du projet		• Approche de gestion des approvisionnements • Types de contrat	• Critères de sélection • Approche de négociation	• Capacité des fournisseurs • Approche de contrôle • Utilisation des données de performance d'exécution	
Gestion des parties prenantes du projet	• Approche d'identification et de catégorisation • Attitude face au risque des principales parties prenantes • Conflits d'intérêts	• Stratégies d'engagement	• Cohérence de l'exécution des stratégies	• Approche de maîtrise • Utilisation des données de performance d'exécution	

7.2.1 PROCESSUS D'INITIALISATION

Les processus d'initialisation permettent de définir un nouveau projet, ou une nouvelle phase d'un projet existant, par l'obtention de l'autorisation de démarrer ce nouveau projet ou cette nouvelle phase. Cette tâche consiste en grande partie à comprendre les risques généraux susceptibles d'avoir un impact sur l'atteinte des objectifs indiqués dans le cas d'affaires. Il est essentiel de traiter ces risques avant d'autoriser le projet ou la phase.

Lors du démarrage du projet, le choix du cycle de vie du projet approprié représente l'une des premières décisions soutenues par la gestion des risques. Chacun des cycles de vie du projet connus a un impact sur tous les domaines du management de projet, que ce soit en contribuant à favoriser et à saisir les opportunités ou en introduisant certaines menaces.

Il existe un autre aspect important de la gestion des risques lors de l'initialisation du projet, c'est-à-dire la compréhension des risques associés aux principales parties prenantes, à leurs intérêts, mais aussi aux conflits potentiels entre elles et avec le projet.

7.2.2 PROCESSUS DE PLANIFICATION

Les processus de planification permettent de définir le périmètre du projet, d'affiner les objectifs et de décider des actions nécessaires à l'atteinte des objectifs pour lesquels le projet a été entrepris.

Le choix de l'approche globale de la gestion des risques représente l'une des principales décisions en matière de planification. Il s'agit d'analyser les risques susceptibles d'avoir un impact sur l'efficacité des processus de gestion des risques.

Les principaux aspects de la planification qui intègrent aussi les pratiques de gestion des risques sont :

- l'intégrité des processus de planification et des plans correspondants ;
- la sélection des approches de management dans tous les domaines de connaissance relatifs au projet ;
- les activités d'estimation.

En général, les processus de ce groupe permettent d'identifier un grand nombre de risques en raison du fait qu'ils intègrent le travail analytique nécessaire à la planification. Il est important de veiller à ce que l'identification des risques fasse partie intégrante de tous les processus de ce groupe.

7.2.3 PROCESSUS D'EXÉCUTION

Les processus d'exécution permettent d'accomplir le travail défini dans le plan de management du projet afin de satisfaire aux exigences du projet et d'atteindre ses objectifs. Une bonne gestion des risques dépend de la circulation des connaissances au niveau du projet et des organisations qui participent à son exécution.

Les pratiques de gestion des risques sont plus efficaces lorsqu'elles sont soutenues par une culture favorable au comportement proactif, aux communications ouvertes, à l'apprentissage organisationnel et à l'amélioration continue. Autrement dit, l'intégration au développement de l'esprit d'équipe et au management, à la gestion de la qualité, à l'exécution des stratégies d'engagement des parties prenantes et aux processus de communication est indispensable.

7.2.4 PROCESSUS DE MAÎTRISE

Les processus de maîtrise permettent de suivre, de passer en revue et de réguler l'avancement et la performance du projet, d'identifier les endroits où des changements du plan s'avèreraient nécessaires, et d'entreprendre les changements correspondants.

La gestion des risques soutient les efforts visant à garantir l'intégrité et la fiabilité des rapports. En revanche, les processus d'identification, d'analyse et de maîtrise des risques utilisent les informations sur les performances comme principales données d'entrée permettant d'identifier, d'analyser et de maîtriser les risques.

7.2.5 PROCESSUS DE CLÔTURE

Les processus de clôture permettent de réaliser ou de clore formellement un projet, une phase ou un contrat. En ce qui concerne la gestion des risques, la clôture comprend en partie la garantie des connaissances utiles aux prochaines phases du projet, aux futurs projets ou à d'autres activités de l'organisation. Les autres risques connus pouvant avoir un impact sur la réalisation des bénéfices sont transférés avant la clôture du projet.

ANNEXE X1
ÉLABORATION DU *STANDARD POUR LA GESTION DES RISQUES DES PORTEFEUILLES, DES PROGRAMMES ET DES PROJETS*

Le *Practice Standard for Project Risk Management* a été publié en 2009 avec un double objectif : d'une part, proposer aux professionnels du management de projet et aux autres parties prenantes concernées un standard qui définit les aspects de la gestion des risques du projet reconnus comme bonne pratique la plupart du temps, dans la plupart des projets, et, d'autre part, fournir un standard applicable à l'échelle du monde et de façon systématique.

Le *Practice Standard for Project Risk Management* traite de la gestion des risques dans le cas d'un projet unique. La section 11 du *Guide du Corpus des connaissances en management de projet* (*Guide PMBOK®*) – Quatrième édition a servi de base au *Practice Standard for Project Risk Management*. Tout comme le *Guide PMBOK®*, le standard pratique n'aborde pas la question du risque au niveau des portefeuilles ou des programmes.

En 2017, après avoir reconnu l'importance de la gestion des risques dans les portefeuilles et les programmes, ainsi que dans les projets, l'équipe chargée du programme Standards de PMI, constituée du responsable des standards et du groupe consultatif membre du programme Standards de PMI, a décidé de créer le *Standard pour la gestion des risques des portefeuilles, des programmes et des projets* fondé sur des principes. En plus de traiter de la question des risques qui relève de trois standards fondamentaux de PMI (le *Guide PMBOK®* – Sixième édition, *le Standard de management de programme* – Quatrième édition, *et The Standard for Portfolio Management* – Quatrième édition), la charte impose à l'équipe projet d'identifier les principes et pratiques de base de la gestion des risques, d'en décrire les fondements et de rédiger le standard afin de refléter les bonnes pratiques acceptées dans ce domaine.

L'équipe projet a été constituée à l'automne 2017. Elle se composait de huit bénévoles PMI sous la direction de Gary Sikma, président du comité, et de David Ross, vice-président. Après avoir élargi la portée de la gestion des risques pour englober les portefeuilles, les programmes et les projets conformément à la charte, l'équipe projet a soumis des recommandations à l'équipe en charge du Lexique PMI afin d'améliorer les définitions des risques et d'inclure ces trois domaines. La première version du standard a été achevée le 12 mars 2018 et distribuée aux experts en la matière à des fins d'examen et d'observations. Le document a été revu en tenant compte des observations des experts, puis présenté à la communauté de professionnels le 2 juillet 2018 sous forme d'exposé-sondage. Ensuite, le comité a passé en revue le document et envoyé la version finale ainsi que le rapport de synthèse sur les mesures de l'exposé-sondage à l'Entité de consensus sur les standards de PMI pour approbation. Enfin, le document a été publié.

ANNEXE X2
CONTRIBUTEURS ET RÉVISEURS DU *STANDARD POUR LA GESTION DES RISQUES DES PORTEFEUILLES, DES PROGRAMMES ET DES PROJETS*

Le Project Management Institute remercie toutes ces personnes pour leur soutien et salue leurs contributions exceptionnelles au domaine du management de projet.

X2.1 LE COMITÉ CENTRAL DU *STANDARD POUR LA GESTION DES RISQUES DES PORTEFEUILLES, DES PROGRAMMES ET DES PROJETS*

Les personnes suivantes étaient membres du Comité central chargé d'élaborer le standard, notamment de statuer sur les observations des réviseurs.

Gary J. Sikma, PMP, PMI-ACP, Président
David W. Ross, PMP, PgMP, Vice-président
Kari Dakakni, PMI-RMP, PMP
Christopher Edwards, MBA, PMP
Nicki Kons, PMI-RMP, PMP
Olivier Lazar, PMI-RMP, PfMP
Grzegorz Szalajko, CISA, PMP
Te Wu, PhD, PgMP, PfMP

X2.2 CONTRIBUTEURS IMPORTANTS

Outre les membres du comité, les personnes suivantes ont fourni du contenu et des concepts en tant qu'ajouts au document.

Nick Clemens, PMI-ACP, PMP
Joel Crook, PMP, PgMP
Valerie P. Denney, DBA, PMP
David Hillson, PhD, HonFAPM, PMI Fellow
Brian Williamson, PMI-RMP, PMP

X2.3 RÉVISEURS

X2.3.1 REVUE SME

Les personnes suivantes, qui sont des experts en la matière invités, ont révisé la première version et soumis des recommandations d'amélioration.

Ruan Almeida, MBA, PMP
Alfredo Armijos, PMI-RMP, PMP
Eric Biderbost, Ing Dipl EPF, PMP
Kiron D. Bondale, PMI-RMP, PMP
Robert G. Brown, PhD, PMP
Panos Chatzipanos, PhD, Dr Eur Ing
Nick Clemens, PMI-ACP, PMP
Joel Crook, PMP, PgMP
Valerie P. Denney, DBA, PMP
Tommy Dodson, MBA, PMP
John D. Driessnack,IPPM, PfMP
Vanessa Everhart, MBA
Akram Hassan, PhD, PMI-RMP
Piotr Hendzak, PMP
David A. Hilson, PhD, HonFAPM, PMI Fellow
Nicholas J. Holdcraft, PMI-RMP, PfMP
Cedrik Lanz
Alan C. Maltz, PhD, PE
Michael J. Marren, PMP
Debbie McKee
Rafal Nowak, MSc, PMP
Josef Oehmen, PhD
Andrew Resseguie, PMI-RMP
Dan Stelian Roman, PMI-ACP, PMP
Cindy Shelton
Dave Violette, MPM, PMP

X2.3.2 REVUE DE L'ENTITÉ DE CONSENSUS

Les personnes suivantes, membres de l'Entité de consensus, ont donné l'approbation finale pour la publication du standard.

Nigel Blampied, PE, PMP
Chris Cartwright, MPM, PMP
John Dettbarn, DSc, PE
Charles Follin, PMP
Michael Frenette, SMC, PMP
Dana Goulston, PMP
Brian Grafsgaard, PMP, PgMP
Dave Gunner, PMP
Dorothy Kangas, MS, PMP
Thomas Kurihara
Hagit Landman, PMI-SP, PMP
Tim MacFadyen, MBA, PMP
Vanina Mangano, PMI-RMP, PMP
Mike Mosley, PE, PMP
Nanette Patton, MSBA, PMP
Yvan Petit, PhD, PMP
Crispin ("Kik") Piney, PgMP PfMP
Mike Reed, PMP, PfMP
David Ross, PMP, PgMP
Paul Shaltry, PMP
C. Gabriela Spindola
Chris Stevens, PhD
Judi Vincent
David J. Violette, MPM, PMP

X2.3.3 REVUE PUBLIQUE DE L'EXPOSÉ-SONDAGE

Les personnes suivantes ont participé à la revue publique du standard et soumis des recommandations d'amélioration.

Habeeb Abdulla, MS, PMP
Charles D. Ackerman, PMI-ACP, PMP
Lipika Ahuja, MPA, PMP
Phill C. Akinwale, MSc, PMI-RMP
José Rafael Alcalá Gómez, PMP
Abdulrahman Alulaiyan, MBA, PMP
Charalampos Apostolopoulos, PhD, PfMP
Ondiappan Arivazhagan, PMI-RMP, PMP
Sharaf A. Attas, PMI-RMP, PMP
Kiron D. Bondale, PMI-RMP, PMP
Farid F. Bouges, PhD, PMP, PfMP
Armando Camino PMI-ACP, PMP
Tessore Carlos, PhD, PMI-RMP
Panos Chatzipanos, PhD, Dr Eur Ing
Nguyen Si Trieu Chau, PgMP, PfMP
Williams Chirinos, MSc, PMP
Jorge Omar Clemente, CPA, PMP
Dariusz Ciechan, PMI-RMP, PMP
Sergio Luis Conte, PhD, PMP
Adam D. Coombs, PEng, PE
Jeanine Cooper, PMI-SP, PMP
Helio R. Costa, DSc
Joel D. Crook, PMP, PgMP
William D'Souza, MBA, PMP
Panini Deshpande, MBS, PMP
Danil Dintsis, PhD, PMP, PgMP
Phillip Doyle, PMP
Vick Ekizian, PMI-RMP

Dimitrios M. Emiris, PhD, PMP
Fereydoun Fardad, PMI-RMP, PMP
Uriel Fliess, PMP
Luis Alberto Flores, PMI-RMP, PMP
Carlos Augusto Freitas, CAPM, PMP
Ivo Gerber, PMI-ACP, PgMP
Carl M. Gilbert, PMI-RMP, PMP
Theofanis C. Giotis, PhDc, PMP
Gabrielle Bonin Haskins, PMP
Sergio Herrera-Apestigue, P3O, PMP
David Hillson, PhD, HonFAPM, PMI Fellow
Suhail Iqbal
Dorothy L. Kangas, MS, PMP
Suhail Khaled, PMI-ACP, PMP
Aikaterini Kiafi, MSPM
Taeyoung Kim, PMP
Konstantinos Kirytopoulos, PhD, PMP
Maciej Koszykowski, PMI-RMP, PgMP
P. Ravikumar, PMP, PgMP
G. Lakshmi Sekhar, PMI-PBA, PMP
Jianyong Li
Lydia G. Liberio, JD, PMI-RMP
James Liu, PhD, PMP
Sivakumar Loganathan, MTech, MIIT Arb
Juan Carlos Flores López, SMC, PMP
Sergio O. Lugo, MBA, PMP
Frank M. Mangini, MSEE, PMP
Gaitan Marius, PMI-PBA, PMP
Atilio Mashini, SMC, PMP
Felipe Fernandes Moreira, PMP
Aleksei V. Nikitin, PMI-ACP, PMP
Josef Oehmen, PhD
Yelena Okonechnikova, MBA, PMP
Habeeb Omar, PgMP, PfMP
Zaid Omer, BSc ElecEng, M.IRMSA
David A. Borja Padilla, Msc, PMI-RMP
Crispin ("Kik") Piney, PgMP, PfMP
Carl W. Pro, PMI-RMP, PMP
Norman Radatz, PMP
Gilberto Regal Rodríguez, PMI-SP, PMP
Dan Stelian Roman, PMI-ACP, PMP
Omar A. Samaniego, PMI-RMP, PMP
Parthasarathy Sampath, PMI-RMP, PMP
Pedro Sandoval
David Shrimpton, PMI-RMP, PMP
Ronald Zack Sionakides, MBA, PMP
Mauro Sotille, PMI-RMP, PMP
Gerhard J. Tekes, PMI-RMP, PMP
Mario Coquillat de Travesedo, PMI-RMP, PMP
Daniel Ubilla Baier, MBA, PMP
Juan Gabriel Gantiva Vergara, PMI-RMP, PMP
Dave Violette, MPM, PMP
Esteban Villegas, PMP
Kyriakos Vougiklakis, BSC, MA

X2.4 GROUPE CONSULTATIF MEMBRE DU PROGRAMME STANDARDS DE PMI

Le Groupe consultatif membre du programme Standards de PMI opère sous la direction du responsable des standards. Nous souhaitons lui adresser nos remerciements les plus sincères pour ses précieux conseils tout au long du processus d'élaboration.

Dans le cadre des travaux du comité, les membres suivants de la communauté PMI se sont distingués au sein du Groupe consultatif membre du programme Standards :

Maria Cristina Barbero, CSM, PMI-ACP, PMP
Michael J. Frenette, I.S.P., SMC, MCITP, PMP
Brian Grafsgaard, CSM, PMP, PgMP, PfMP
David Gunner, MSc, PMP, PfMP
Hagit Landman, MBA, PMI-SP, PMP
Vanina Mangano, PMI-RMP, PMP
Yvan Petit, PhD, MEng, MBA, PMP, PfMP
Carolina Gabriela Spindola, MBA, SSBB, PMP

X2.5 ÉQUIPE D'HARMONISATION

Les personnes suivantes ont fait partie de l'équipe d'harmonisation. Leur mission était de garantir une cohérence parmi les standards récemment publiés.

X2.5.1 ÉQUIPE PRINCIPALE

Bridget Fleming
Greg Hart
Hagit Landman, PMI-SP, PMP
Vanina Mangano, PMI-RMP, PMP
Tim MacFadyen, MBA, PMP
Mike Mosley
John Post, PMP
David W. Ross, PMP, PgMP
Cindy Shelton, PMI-ACP, PMP
Gary Sikma, PMI-ACP, PMP
Dave Violette, MPM, PMP

X2.5.2 PERSONNEL DE PMI

M. Elaine Lazar, MA, AStd
Marvin R. Nelson, MBA, SCPM
Lorna Scheel, MSc
Roberta Storer
Kristin Vitello, CAPM
Ashley Wolski, MBA
John Zlockie, MBA, PMP

X2.6 ÉQUIPE DE PRODUCTION

Mention spéciale aux employés de PMI suivants :

Donn Greenberg, Manager, Publications
Kim Shinners, Adjointe à la production des publications
Roberta Storer, Éditeur produit
Barbara Walsh, Superviseur Production des publications

X2.7 MEMBRES DU GROUPE FRANCOPHONE DE VERIFICATION DE LA TRADUCTION

Frank Daniel, PMP
Jean Gouix, PMP, PgMP
Ana Santos, MBA, PMP

X2.8 MEMBRES DU COMITÉ DE VALIDATION DES TRADUCTIONS

Barbara Walsh, CSPO
Kim Shinners
Vivian Isaak, Présidente, Magnum Group, Inc., société de traduction
Brian Middleton, Responsable des solutions stratégiques, Magnum Group, Inc., société de traduction

ANNEXE X3
CONTRÔLES DE LA GESTION DES RISQUES DES PORTEFEUILLES

X3.1 OBJECTIF DES CONTRÔLES DE LA GESTION DES RISQUES DES PORTEFEUILLES

Un portefeuille est un ensemble de projets, de programmes, de portefeuilles secondaires et d'opérations, managés en tant que groupe, afin d'atteindre des objectifs stratégiques. Au niveau du portefeuille, les projets, les programmes et les opérations sont alignés sur la stratégie d'investissement de l'organisation en vue d'atteindre les objectifs stratégiques à travers les opérations du portefeuille. Le management de portefeuille s'efforce d'assurer l'alignement des programmes, des projets et des opérations sur la stratégie de l'organisation, ainsi que sur l'équilibre des risques en vue d'atteindre les objectifs stratégiques. Les chefs de portefeuille gèrent les ressources, les contraintes et les interfaces entre les activités subordonnées des programmes, des projets et des opérations.

Le principal objectif de la gestion des risques du portefeuille consiste à s'assurer que les composants du portefeuille obtiennent le meilleur résultat possible, conformément au modèle et à la stratégie de l'organisation. Du point de vue du risque, il suffit d'équilibrer les risques positifs et négatifs pour y parvenir. Les contrôles de la gestion des risques y contribuent en intégrant les pratiques de prévention des risques au cycle de vie du portefeuille pour tous les domaines de performance. Ainsi, la gestion des risques fait partie intégrante du management de portefeuille et la création de valeur est assurée.

La sélection, l'adaptation, l'application et le suivi de certains contrôles d'un portefeuille donné font partie des activités de supervision. Les sections X3.2 à X3.7 présentent les contrôles de la gestion des risques du portefeuille ainsi que des exemples de facteurs à prendre en considération pour certains contrôles.

X3.2 CONTRÔLES DE LA GESTION DES RISQUES POUR LE MANAGEMENT STRATÉGIQUE DE PORTEFEUILLE

Le tableau X3-1 répertorie les contrôles et les objectifs de la gestion des risques pour le management stratégique de portefeuille.

Tableau X3-1. Contrôles et objectifs de la gestion des risques pour le management stratégique de portefeuille.

Identifiant du contrôle	Objectif du contrôle
PF.STR.1	L'appétence et l'attitude face au risque stratégique de l'organisation sont régulièrement réévaluées et consignées dans les documents de gouvernance du portefeuille et d'autres actifs pertinents du portefeuille.
PF.STR.2	Les critères de sélection des composants du portefeuille reflètent l'appétence et l'attitude face au risque de l'organisation.
PF.STR.3	Les risques liés à la justesse de la stratégie de l'organisation sont identifiés et gérés activement tout au long du cycle de vie du portefeuille.
PF.STR.4	Les risques liés aux changements stratégiques au sein de l'organisation susceptibles d'influencer le management, l'identification et l'analyse du portefeuille ou de ses composants apparaissent dans les documents de gouvernance du portefeuille.
PF.STR.5	Les risques liés à l'interprétation de la mission, de la vision, des buts stratégiques et des objectifs du portefeuille sont identifiés, analysés et traités alors que ces éléments sont élaborés ou évoluent.
PF.STR.6	L'environnement de l'organisation fait l'objet d'un suivi régulier afin de détecter les opportunités et les menaces pouvant entraîner des changements au niveau du portefeuille. Dans ce contexte, une attention particulière est accordée aux facteurs clés de succès pour la réalisation de la stratégie.
PF.STR.7	Lors de l'optimisation du portefeuille, les risques liés à la création de valeur attendue des programmes affectés et découlant des projets du portefeuille sont identifiés, analysés et traités.

Les facteurs suivants doivent être pris en considération lors de la réévaluation de l'appétence et de l'attitude face au risque stratégique de l'organisation, mais aussi de la sélection des composants du portefeuille selon l'appétence et l'attitude face au risque de l'organisation (contrôles PF.STR.1 et PF.STR.2) :

- l'attitude face au risque stratégique de l'organisation, en tenant compte également de son contexte juridique, politique et de marché ;
- le degré d'incertitude qu'une organisation est disposée à accepter dans l'anticipation d'un avantage ;
- le degré ou l'ampleur du risque qu'une organisation est disposée à affronter ;
- le niveau d'exposition aux risques au-delà duquel les risques sont maîtrisés et en dessous duquel ils peuvent être acceptés.

Les facteurs suivants doivent être pris en considération lors de l'identification des risques liés à la justesse de la stratégie de l'organisation (contrôle PF.STR.3) :

- le niveau d'expérience et de compétence de l'équipe qui élabore la stratégie ;
- la fiabilité, l'applicabilité et l'exactitude des modèles et des données utilisés pour les analyses et prévisions environnementales ;
- la clarté et l'exhaustivité de la vision stratégique ;
- la définition d'objectifs stratégiques ;
- l'exhaustivité des processus de prise de décision durant l'élaboration de la stratégie ;
- l'intégralité des dimensions stratégiques prises en considération (par exemple, comme le suggère la technique du tableau de bord prospectif).

Les facteurs suivants doivent être pris en considération lors de l'identification des risques liés aux changements stratégiques au sein de l'organisation, ainsi que lors de l'identification des risques liés à l'analyse, à l'exécution et au changement de la mission, de la vision et des objectifs stratégiques du portefeuille (contrôle PF.STR.4) :

- les changements actuels et planifiés au niveau de l'organisation ;
- les changements actuels et planifiés au niveau de l'environnement de l'organisation (juridique, marché, travail) ;
- le système de maîtrise des changements du portefeuille et son interaction avec les composants des projets, des programmes et des opérations ;
- l'interaction entre d'autres portefeuilles et entités externes à l'entreprise ;
- les facteurs environnementaux de l'entreprise et les actifs organisationnels ;
- l'engagement des parties prenantes ;
- la relation entre le portefeuille et les processus de gestion des risques d'entreprise de l'organisation.

Les facteurs suivants doivent être pris en considération lors du suivi des facteurs clés de succès, mais aussi des opportunités et des menaces (contrôle PF.STR.6) :

- les technologies, le matériel ou les outils nouveaux ;
- la disponibilité de nouveaux types de ressources ou de quantités accrues de ressources ;
- les changements au niveau des environnements politique, financier, juridique ou de marché ;
- l'équilibre des opportunités et des menaces.

Les facteurs suivants doivent être pris en considération lors de l'identification des risques liés à la création de la valeur attendue des programmes, des projets et des opérations du portefeuille (contrôle PF.STR.7) :

- l'exactitude et l'applicabilité continue du cas d'affaires et de ceux des composants subordonnés ;
- les liens entre la création de valeur du portefeuille et l'atteinte des objectifs stratégiques ;
- les liens entre tout autre portefeuille et le portefeuille géré.

X3.3 CONTRÔLES DE LA GESTION DES RISQUES POUR LA GOUVERNANCE DU PORTEFEUILLE

Le tableau X3-2 répertorie les contrôles et les objectifs de la gestion des risques pour la gouvernance du portefeuille.

Tableau X3-2. Contrôles et objectifs de la gestion des risques pour la gouvernance du portefeuille.

Identifiant du contrôle	Objectif du contrôle
PF.GOV.1	Les risques liés aux structures, politiques et procédures de gouvernance du portefeuille sont identifiés et gérés activement tout au long du cycle de vie du portefeuille.
PF.GOV.2	Les risques liés à l'affectation de personnes en particulier aux principaux rôles de gouvernance au niveau du portefeuille sont identifiés et gérés activement sur l'intégralité du portefeuille.
PF.GOV.3	Les audits réalisés dans le cadre de la gouvernance du portefeuille s'appuient sur une analyse des risques afin de se concentrer sur les bons éléments et de minimiser l'impact sur les composants du portefeuille.
PF.GOV.4	Les rapports d'audit sont utilisés comme donnée d'entrée pour l'identification des risques au niveau du portefeuille et de ses composants.
PF.GOV.5	Les audits réalisés dans le cadre de la gouvernance du portefeuille respectent les standards convenus par le personnel qualifié et indépendant des rôles de management de portefeuille et de ses composants.
PF.GOV.6	Les risques liés à l'interaction entre les structures, politiques et procédures de gouvernance du portefeuille et les processus de gestion des risques d'entreprise sont identifiés et gérés activement tout au long du cycle de vie du portefeuille.

Les facteurs suivants doivent être pris en considération lors de l'identification des risques liés aux structures, politiques et procédures de gouvernance du portefeuille (contrôle PF.GOV.1).

- Pour les structures de gouvernance du portefeuille :
  - la complexité ;
  - une responsabilité claire ;
  - le niveau des interdépendances ;

- l'intégration à d'autres structures au sein de l'organisation ;
- le degré de représentation des principales parties prenantes.

◆ Pour les processus de prise de décision et les politiques du portefeuille :

- la complexité ;
- la transparence ;
- l'implication des principales parties prenantes ;
- l'équité ;
- le moment pour prendre des décisions ;
- des mécanismes de qualité.

Les facteurs suivants doivent être pris en considération lors de l'identification des risques liés à l'affectation de personnes en particulier aux principaux rôles de gouvernance au niveau du portefeuille (contrôle PF.GOV.2) :

◆ les compétences ;

◆ le niveau d'autorité ;

◆ la position dans l'organisation ;

◆ la réputation ;

◆ la disponibilité ;

◆ les intérêts en commun et opposés.

Les facteurs suivants doivent être pris en considération lors de la planification et de la dotation des audits dans le cadre de la gouvernance du portefeuille (contrôle PF.GOV.5) :

◆ la compétence de l'entité chargée de l'audit ;

◆ la volonté des parties prenantes à accepter les résultats de l'audit ;

◆ la possibilité d'appliquer les résultats de l'audit aux processus du portefeuille et de ses composants ;

◆ la possibilité d'appliquer les résultats de l'audit aux processus de gestion des risques d'entreprise.

Les facteurs suivants doivent être pris en considération lors de l'identification des risques liés à l'interaction entre les structures, politiques et procédures de gouvernance du portefeuille et les processus de gestion des risques d'entreprise (contrôle PF.GOV.6) :

◆ les processus de gouvernance définis par la gestion des risques d'entreprise ;

◆ la possibilité d'appliquer la gestion des risques d'entreprise à des processus et actions spécifiques du portefeuille ;

◆ les liens entre les processus de management et de gouvernance du portefeuille, d'une part, et la gestion des risques d'entreprise et de la haute direction, d'autre part.

X3.4 CONTRÔLES DE LA GESTION DES RISQUES POUR LA GESTION DES CAPACITÉS ET DES APTITUDES DU PORTEFEUILLE

Le tableau X3-3 répertorie les contrôles et les objectifs de la gestion des risques pour la gestion des capacités et des aptitudes du portefeuille.

Tableau X3-3. Contrôles et objectifs de la gestion des risques pour la gestion des capacités et des aptitudes du portefeuille.

Identifiant du contrôle	Objectif du contrôle
PF.CAP.1	Les risques liés à l'impact du portefeuille sur d'autres activités de l'organisation et de ses partenaires sont identifiés et gérés activement tout au long du cycle de vie du portefeuille.
PF.CAP.2	Les risques liés aux autres activités de l'organisation et de ses partenaires qui ont une influence sur le portefeuille sont identifiés et gérés activement tout au long du cycle de vie du portefeuille.
PF.CAP.3	Les risques liés à la disponibilité et à la performance du capital humain sont identifiés et gérés activement tout au long du cycle de vie du portefeuille.
PF.CAP.4	Les risques liés à la disponibilité et à la stabilité du capital financier sont identifiés et gérés activement tout au long du cycle de vie du portefeuille.
PF.CAP.5	Les risques liés à la disponibilité et la compatibilité des principaux actifs sont identifiés et gérés activement tout au long du cycle de vie du portefeuille.
PF.CAP.6	Les risques liés à la disponibilité et au développement du principal capital intellectuel sont identifiés et gérés activement tout au long du cycle de vie du portefeuille.
PF.CAP.7	La capacité requise pour gérer le risque au niveau du portefeuille et de ses composants est régulièrement identifiée, suivie et accrue ou diminuée, si nécessaire, pour maintenir un niveau optimal.
PF.CAP.8	Les risques liés à la culture de l'organisation et de ses partenaires sont identifiés et gérés activement tout au long du cycle de vie du portefeuille.
PF.CAP.9	Les risques liés à la structure de l'organisation et de ses partenaires sont identifiés et gérés activement tout au long du cycle de vie du portefeuille.
PF.CAP.10	Les risques liés aux principaux processus de l'organisation sont identifiés et gérés activement tout au long du cycle de vie du portefeuille.
PF.CAP.11	Lorsque les partenaires ou les fournisseurs jouent un rôle important dans l'offre des capacités du portefeuille, les risques liés à leur implication sont identifiés et gérés activement tout au long du cycle de vie du portefeuille.
PF.CAP.12	Les rapports sur la performance du portefeuille, du programme et du projet, ainsi que les indicateurs clés de la performance de l'organisation, sont utilisés pour identifier les risques et reconnaître leur impact potentiel sur les capacités et les aptitudes du portefeuille, dès que possible.
PF.CAP.13	Lors de l'optimisation de la capacité du portefeuille, les risques liés à la création de la valeur attendue des programmes affectés et découlant des projets du portefeuille sont identifiés, analysés et traités.

Les facteurs suivants doivent être pris en considération lors de l'identification des risques liés à l'impact du portefeuille sur d'autres activités de l'organisation et de ses partenaires, et des risques liés aux autres activités de l'organisation et de ses partenaires qui ont une influence sur le portefeuille (contrôles PF.CAP.1 et PF.CAP.2) :

- les plans stratégiques de l'organisation et de ses partenaires ;
- les indicateurs clés de la performance de l'organisation et de ses partenaires ;
- le niveau d'utilisation des ressources par l'organisation et ses partenaires ;
- les composants des portefeuilles des partenaires pouvant avoir un impact sur l'implication de ces derniers dans la réalisation des composants de l'organisation ;
- la gouvernance au niveau de l'entreprise ;
- les relations de gestion entre les portefeuilles ;
- les relations de gestion entre le portefeuille et la haute direction ;
- la gestion de la complexité dans les structures organisationnelles ;
- la gestion des complexités liées aux produits, aux services ou aux capacités dans le cadre des processus des composants du portefeuille ;
- l'intégration des opérations aux actions du projet et du programme au sein et en dehors du portefeuille.

Les facteurs suivants doivent être pris en considération lors de l'identification des risques liés à la disponibilité et à la performance du capital humain (contrôle PF.CAP.3).

- **Opportunités :**
  - l'acquisition de nouvelles compétences ;
  - le développement personnel ;
  - la promotion ;
  - la formation des successeurs.
- **Menaces :**
  - la répartition géographique ;
  - les différences culturelles ;
  - les courbes d'apprentissage ;
  - l'indisponibilité des talents clés ;
  - la concurrence sur le marché du travail.

Les facteurs suivants doivent être pris en considération lors de l'identification des risques liés à la disponibilité et à la performance du capital financier (contrôle PF.CAP.4) :

- les taux de change ;
- la disponibilité des liquidités à certains moments ;
- le calendrier et les résultats des décisions des principales parties prenantes qui apportent le capital financier ;
- la situation financière des principales parties prenantes qui apportent le capital financier ;
- l'évolution de la capacité de crédit des principales parties prenantes qui apportent le capital financier.

Les facteurs suivants doivent être pris en considération lors de l'identification des risques liés à la disponibilité et à la compatibilité des principaux actifs (contrôle PF.CAP.5) :

- les autres utilisateurs et priorités de leurs affectations ;
- les procédures de partage avec les autres utilisateurs ;
- la disponibilité ;
- la compatibilité ;
- les courbes d'apprentissage.

Les facteurs suivants doivent être pris en considération lors de l'identification des risques liés à la disponibilité et au développement du principal capital intellectuel (contrôle PF.CAP.6) :

- le développement d'un capital intellectuel unique qui peut représenter un avantage concurrentiel ;
- la protection du capital intellectuel (par exemple, les brevets, la sécurité des informations) ;
- l'utilisation du capital intellectuel pour obtenir d'autres avantages (par exemple, la vente de licences).

Les types suivants d'activités liées à la gestion des risques doivent être pris en considération lors de l'analyse de la capacité requise pour gérer le risque au niveau du portefeuille et de ses composants (contrôle PF.CAP.7) :

- l'identification, l'analyse et le suivi des risques au niveau du portefeuille ;
- les réponses aux risques escaladés depuis les composants jusqu'au portefeuille ;
- les réponses aux risques identifiés au niveau du portefeuille ;
- les réponses aux événements inconnus qui pourraient survenir pour le portefeuille et ses composants.

Les facteurs suivants doivent être pris en considération lors de l'identification des risques liés à la culture de l'organisation et de ses partenaires (contrôle PF.CAP.8) :

- la culture de la prise de décision ;
- les façons de travailler ;
- le style de coopération ;
- la culture de production de rapports et la distance hiérarchique.

Les facteurs suivants doivent être pris en considération lors de l'identification des risques liés à la structure de l'organisation et de ses partenaires (contrôle PF.CAP.9) :

- l'emplacement des principaux rôles de gouvernance et de management de portefeuille dans la structure de l'organisation ;
- la clarté concernant les principaux rôles décisionnels ;
- les conflits et les objectifs communs entre les rôles du portefeuille et les autres rôles au sein de l'organisation ;
- la clarté concernant la propriété des principales ressources ;
- l'intégration entre les divisions et les rôles du portefeuille et des opérations.

Les domaines des processus suivants doivent être pris en considération lors de l'identification des risques liés aux principaux processus de l'organisation (contrôle PF.CAP.10) :

- la planification et la prise de décision stratégiques ;
- la planification globale des opérations ;
- l'allocation des ressources ;
- l'approvisionnement ;
- la gestion des ressources humaines.

Les facteurs suivants doivent être pris en considération lors de l'identification des risques liés à l'implication des partenaires et des fournisseurs (contrôle PF.CAP.11) :

- l'orientation stratégique de leur développement ;
- la capacité de fournir un avantage concurrentiel ;
- l'accès aux talents et à la propriété intellectuelle ;
- la stabilité ;
- la capacité d'évolution ;
- les objectifs communs et opposés ;
- la coopération potentielle et les conflits avec les structures internes de l'organisation ;
- les autres fournisseurs ou produits/services.

Les indicateurs suivants doivent être pris en considération du point de vue du risque lors de l'analyse des rapports sur la performance du portefeuille, du programme et du projet, avec les indicateurs clés de la performance de l'organisation (contrôle PF.CAP.12) :

- l'utilisation des ressources ;
- la rapidité de livraison ;
- la performance des coûts et de l'échéancier ;
- le taux de rotation ;
- les délais pour les ressources et les services ;
- le nombre de clients potentiels ;
- le taux de conversion des prospects.

Ce qui suit doit être pris en considération lors de l'identification, de l'analyse et de la réponse aux risques associés à l'optimisation des capacités du portefeuille pour créer de la valeur (contrôle PF.CAP13) :

- l'équilibre des actions des projets, des programmes et des opérations du portefeuille ;
- l'équilibre des opportunités et des menaces associées ;
- la relation des bénéfices du programme ou des livrables du projet par rapport aux objectifs stratégiques du portefeuille en faveur de la création de valeur pour l'entreprise.

X3.5 CONTRÔLES DE LA GESTION DES RISQUES POUR L'ENGAGEMENT DES PARTIES PRENANTES DU PORTEFEUILLE

Le tableau X3-4 répertorie les contrôles et les objectifs de la gestion des risques pour l'engagement des parties prenantes du portefeuille.

Tableau X3-4. Contrôles et objectifs de la gestion des risques pour l'engagement des parties prenantes du portefeuille.

Identifiant du contrôle	Objectif du contrôle
PF.STK.1	Les risques liés aux principales parties prenantes sont régulièrement identifiés et gérés activement tout au long du cycle de vie du portefeuille.
PF.STK.2	Les décisions d'impliquer certaines parties prenantes au niveau du portefeuille, du programme ou du projet sont évaluées du point de vue du risque.
PF.STK.3	L'appétence au risque, l'attitude face au risque et le seuil de risque des principales parties prenantes du portefeuille sont évalués régulièrement. En cas de différences entre les facteurs individuels qui viennent d'être cités et les facteurs organisationnels correspondants, les risques associés sont identifiés et gérés activement.
PF.STK.4	Les interactions et les conflits d'intérêts potentiels entre les principales parties prenantes du portefeuille sont pris en considération lors de l'identification des risques.
PF.STK.5	Les risques liés à l'approche choisie d'analyse, de catégorisation et de regroupement des parties prenantes sont identifiés et traités lors de la planification de l'engagement des parties prenantes du portefeuille.
PF.STK.6	Les risques liés aux techniques de communication sélectionnées et à l'infrastructure de communication associée sont identifiés et gérés activement tout au long du cycle de vie du portefeuille.
PF.STK.7	Les risques liés à la portée, à la fréquence et à la forme des communications au niveau du portefeuille sont identifiés et gérés activement tout au long du cycle de vie du portefeuille.

Les facteurs suivants doivent être pris en considération lors de l'identification des risques liés aux principales parties prenantes du portefeuille (contrôle PF.STK.1) :

- l'appétence au risque, l'attitude face au risque et le seuil de risque ;
- les intérêts alignés sur les objectifs du portefeuille ou opposés ;
- les préférences et les points de vue personnels ;
- les domaines de responsabilité et objectifs associés ;
- l'impact des bénéfices du portefeuille sur les objectifs de la partie prenante ;
- le niveau de pouvoir de décision ;
- la capacité d'influencer d'autres parties prenantes ;

- la culture, la formation, l'éducation et l'expérience des parties prenantes ;
- les préjugés des parties prenantes ;
- la confiance entre les parties prenantes.

Les facteurs suivants doivent être pris en considération lors de l'identification des risques liés aux décisions d'impliquer certaines parties prenantes au niveau du portefeuille, du programme ou du projet (contrôle PF.STK.2) :

- l'aptitude des parties prenantes à influencer les capacités et les aptitudes du portefeuille ;
- la capacité d'engager et de gérer une partie prenante donnée au niveau du portefeuille ou de ses composants ;
- les opportunités et les menaces découlant de la collaboration avec une partie prenante donnée au niveau du portefeuille ;
- les opportunités et les menaces découlant de la collaboration avec une partie prenante donnée au niveau du composant.

Les facteurs suivants doivent être pris en considération lors de l'identification des risques liés aux disparités entre l'appétence au risque, l'attitude face au risque et le seuil de risque des principales parties prenantes et de l'organisation (contrôle PF.STK.3) :

- les intérêts et les objectifs des parties prenantes et de l'organisation ;
- les principales préoccupations des parties prenantes et de l'organisation ;
- les principales opportunités des parties prenantes et de l'organisation ;
- les stratégies des parties prenantes potentielles pour atténuer les menaces introduites par le portefeuille qui leur sont inacceptables ;
- les stratégies des parties prenantes potentielles pour exploiter leurs opportunités liées au portefeuille qui ne sont pas couvertes par les composants du portefeuille.

Les facteurs suivants doivent être pris en considération lors de l'identification des risques liés aux interactions et aux conflits d'intérêts potentiels entre les principales parties prenantes du portefeuille (contrôle PF.STK.4) :

- les objectifs communs et opposés ;
- les coalitions existantes et potentielles ;
- les conflits personnels.

Les facteurs suivants doivent être pris en considération lors de l'identification des risques liés à l'approche choisie d'analyse, de catégorisation et de regroupement des parties prenantes (contrôle PF.CAP.5) :

- l'exactitude et l'actualité des données liées aux parties prenantes ;
- l'exactitude et l'exhaustivité des techniques analytiques ;
- la capacité de s'adresser de façon adéquate à toutes les principales parties prenantes ;
- l'impact des hypothèses ;
- l'impact des partis pris.

Les facteurs suivants doivent être pris en considération lors de l'identification des risques liés aux techniques de communication sélectionnées et à l'infrastructure de communication associée (contrôle PF.CAP.6) :

- la capacité de transmettre certaines formes d'informations (par exemple, visuelles, sonores ou textuelles) ;
- le niveau sonore ;
- la traçabilité des informations ;
- le niveau d'authentification ;
- la familiarité des parties prenantes avec l'utilisation des techniques requises et de la technologie associée ;
- la fiabilité et la disponibilité de la technologie requise ;
- l'accès des parties prenantes à la technologie requise ;
- la culture et les préférences de communication des parties prenantes.

Les facteurs suivants doivent être pris en considération lors de l'identification des risques liés à la portée, à la fréquence et à la forme des communications au niveau du portefeuille (contrôle PF.STK.7) :

- la culture et les préférences de communication des parties prenantes ;
- la formation, l'éducation et l'expérience des parties prenantes ;
- les aptitudes techniques des parties prenantes à recevoir, à analyser et à répondre aux communications ;
- les préjugés des parties prenantes ;
- les approches de gestion et de gouvernance ;
- la confiance entre les parties prenantes.

X3.6 CONTRÔLES DE LA GESTION DES RISQUES POUR LA GESTION DE LA VALEUR DU PORTEFEUILLE

Le tableau X3-5 répertorie les contrôles et les objectifs de la gestion des risques pour la gestion de la valeur du portefeuille.

Tableau X3-5. Contrôles et objectifs de la gestion des risques pour la gestion de la valeur du portefeuille.

Identifiant du contrôle	Objectif du contrôle
PF.VAL.1	Les opportunités d'accroître la création de valeur sont régulièrement identifiées et gérées activement tout au long du cycle de vie du portefeuille.
PF.VAL.2	Les tendances des facteurs environnementaux de l'organisation et les changements apportés aux actifs organisationnels sont régulièrement analysés afin d'identifier les risques susceptibles d'avoir un impact sur la création de valeur.
PF.VAL.3	Le portefeuille est régulièrement réévalué et équilibré du point de vue de l'appétence et de l'attitude face au risque de l'organisation afin de garantir le bon ensemble de composants du portefeuille.
PF.VAL.4	Les principaux risques liés aux composants du portefeuille sont régulièrement évalués du point de vue de leur impact sur la création de la valeur attendue.
PF.VAL.5	Les techniques utilisées pour l'optimisation de la performance des composants sont évaluées du point de vue des risques ayant un impact sur la création de valeur.
PF.VAL.6	Les techniques et processus sélectionnés pour les négociations de la valeur attendue sont évalués du point de vue des risques.

Les facteurs suivants doivent être pris en considération lors de l'identification des risques liés aux opportunités d'accroître la création de valeur, ainsi qu'aux tendances des facteurs environnementaux de l'organisation et changements apportés aux actifs organisationnels (contrôle PF.STK.7) :

- l'équilibre des menaces et des opportunités dans les éléments du portefeuille et de ses composants ;
- la demande du marché ;
- les parts de marché ;
- les prix des catégories de produits associés ;
- les coûts de la main-d'œuvre et des matériaux ;
- la fourniture des matériaux et des talents clés.

Les facteurs suivants doivent être pris en considération lorsque le portefeuille est réévalué et équilibré du point de vue de l'appétence et de l'attitude face au risque de l'organisation afin que le bon ensemble de composants du portefeuille maximise la création de valeur (contrôle PF.VAL.3) :

- l'alignement de la vision, des buts et des objectifs des composants et du portefeuille ;
- l'alignement de l'appétence et de l'attitude face au risque des parties prenantes et de l'organisation au niveau du projet, du programme et du portefeuille ;
- l'intégration des risques opérationnels dans l'équation d'équilibre.

Les facteurs suivants doivent être pris en considération lors de l'évaluation des principaux risques liés aux composants du portefeuille du point de vue de leur impact sur la création de la valeur attendue (contrôle PF.VAL.4) :

- l'adaptation du périmètre des composants pour permettra la création de valeur ;
- la continuité du soutien du sponsor tout au long du cycle de vie des composants ;
- la capacité de fournir les principaux livrables des composants nécessaires pour créer de la valeur ;
- les délais de livraison au niveau des composants dans le contexte des fenêtres d'opportunité de valeur ;
- les coûts globaux au niveau des composants par rapport au cas d'affaires.

Les facteurs suivants doivent être pris en considération lorsque les techniques utilisées pour l'optimisation de la performance des composants sont évaluées du point de vue des risques ayant un impact sur la création de valeur (contrôle PF.VAL.5) :

- l'impact sur la création de valeur ;
- la possibilité d'appliquer des techniques aux éléments évalués ;
- la pertinence et l'actualité des données utilisées pour les techniques ;
- l'acceptation des techniques de la part des parties prenantes.

Les facteurs suivants doivent être pris en considération lors de l'identification des risques liés aux techniques et aux processus sélectionnés pour les négociations de la valeur attendue (contrôle PF.CAP.6) :

- l'accent sur la bonne valeur ;
- la capacité de s'adapter à l'appétence et à l'attitude face au risque stratégique ;
- la participation des principales parties prenantes.

X3.7 CONTRÔLES DE LA GESTION DES RISQUES POUR LA GESTION DES RISQUES DU PORTEFEUILLE

Le tableau X3-6 répertorie les contrôles et les objectifs de la gestion des risques pour la gestion des risques du portefeuille.

Tableau X3-6. Contrôles et objectifs de la gestion des risques pour la gestion des risques du portefeuille.

Identifiant du contrôle	Objectif du contrôle
PF.RSK.1	Les risques liés à la sélection d'une approche de la gestion des risques donnée au niveau du portefeuille sont identifiés, analysés et pris en considération lors de l'élaboration des plans de gestion et du cadre de gestion des risques du portefeuille.
PF.RSK.2	La gestion des risques au niveau du portefeuille inclut l'identification et la gestion des risques généraux du portefeuille et les effets cumulés des risques des composants.
PF.RSK.3	Des politiques d'escalade des risques sont en place pour garantir une gestion optimale des risques du portefeuille et de ses composants, ainsi qu'une bonne visibilité des risques au niveau des composants. Ces politiques figurent dans les plans de gestion au niveau des composants.
PF.RSK.4	Il existe des politiques claires d'intégration des activités des risques des composants dans la gestion des risques d'entreprise.

Les facteurs suivants doivent être pris en considération lors de l'identification des risques liés à la sélection d'une approche de la gestion des risques donnée au niveau du portefeuille (contrôle PF.RSK.1) :

- l'alignement sur les processus de gestion des risques d'entreprise ;
- la capacité de s'adapter à l'attitude face au risque stratégique de l'organisation ;
- la capacité de gérer la complexité attendue du portefeuille ;
- l'adaptation à la culture de l'organisation ;
- le niveau de transparence des risques ;
- la capacité des principales parties prenantes à suivre l'approche ;
- l'adaptation aux catégories et au niveau de risque attendu à l'échelle du portefeuille ;
- la clarté d'intégration à l'approche de gestion des risques au niveau des composants ;
- la vitesse des principaux processus par rapport aux dynamiques de l'environnement du portefeuille.

Les facteurs suivants doivent être pris en considération afin de garantir la gestion des risques généraux du portefeuille et les effets cumulés des risques des composants (contrôle PF.RSK.2) :

- la gestion des risques susceptibles d'apparaître à la suite de la combinaison des risques des composants individuels ;
- la gestion des risques qui apparaissent uniquement au niveau du portefeuille et dépassent le périmètre des composants individuels, même si ces composants peuvent être à portée de leur impact.

Les facteurs suivants doivent être pris en considération pour les politiques d'escalade des risques au niveau du portefeuille (contrôle PF.RSK.3) :

- le niveau de l'impact potentiel ;
- les interdépendances potentielles entre les composants du portefeuille ;
- les catégories de risques par rapport aux compétences à gérer certains types de risque ;
- les niveaux d'autorisation de parties prenantes du portefeuille en particulier.

Les facteurs suivants doivent être pris en considération lors de l'intégration des activités des risques liés aux composants dans la gestion des risques d'entreprise (contrôle PF.RSK.4) :

- l'affectation des autorités décisionnelles concernant les risques ;
- les voies de communication des parties prenantes ;
- les processus de gouvernance des risques ;
- les processus et les procédures de la haute direction.

ANNEXE X4
CONTRÔLES DE LA GESTION DES RISQUES DES PROGRAMMES

X4.1 OBJECTIF DES CONTRÔLES DE LA GESTION DES RISQUES DES PROGRAMMES

La gestion des risques d'un programme consiste à garantir une réalisation optimale des bénéfices attendus du programme. Les contrôles de la gestion des risques y contribuent en intégrant les pratiques de prévention des risques au cycle de vie du programme, ainsi que pour tous les domaines de performance. Ainsi, la gestion des risques fait partie intégrante du management de programme et la réalisation des bénéfices est assurée.

La sélection, l'adaptation, l'application et le suivi de certains contrôles d'un programme donné font partie des activités de gouvernance du programme. Les sections X4.2 à X4.7 présentent les contrôles de la gestion des risques du programme ainsi que des exemples de facteurs à prendre en considération pour certains contrôles.

X4.2 CONTRÔLES DE LA GESTION DES RISQUES POUR L'ALIGNEMENT STRATÉGIQUE DU PROGRAMME

Le tableau X4-1 présente les contrôles de la gestion des risques pour l'alignement stratégique du programme.

Tableau X4-1. Contrôles de la gestion des risques pour l'alignement stratégique du programme.

Identifiant du contrôle	Objectif du contrôle
PG.STR.1	Les risques globaux susceptibles d'avoir un impact important sur le cas d'affaires du programme sont identifiés de manière précoce et traités dans le cas d'affaires du programme.
PG.STR.2	Les risques liés à l'approche de la gestion des risques du programme sont identifiés et gérés activement tout au long du cycle de vie du programme.
PG.STR.3	Les évaluations environnementales sont réalisées régulièrement afin d'identifier les risques au niveau du programme. Une attention particulière est accordée aux éléments de l'environnement pouvant avoir un impact sur les facteurs clés de succès du programme.

Les facteurs suivants doivent être pris en considération lors de l'identification des risques globaux liés au cas d'affaires du programme (contrôle PG.STR.1) :

- les tendances du marché ;
- les technologies émergentes ;
- les produits ou services émergents en alternative à ceux livrés par le programme ;
- les éventuelles modifications de la réglementation ;
- les tendances des principaux éléments de coût (par exemple, la main-d'œuvre, les matériaux ou les services essentiels).

Les facteurs suivants doivent être pris en considération lors de l'identification des risques liés à l'approche de la gestion des risques du programme (contrôle PG.STR.2) :

- la capacité de s'aligner sur l'appétence au risque stratégique de l'organisation ;
- la capacité de gérer la complexité attendue du programme ;
- l'adaptation à la culture de l'organisation ;
- le niveau de transparence des risques ;
- la capacité des principales parties prenantes de suivre l'approche ;
- l'adaptation à la tolérance au risque de l'organisation ;
- l'adaptation aux catégories et au niveau de risque attendu à l'échelle du programme ;
- la clarté d'intégration à l'approche de gestion des risques au niveau des composants ;
- la clarté d'intégration à l'approche de gestion des risques au niveau du portefeuille ;
- la cycle de décision de l'organisation qui se rapporte à la vitesse du changement dans l'environnement du programme.

X4.3 CONTRÔLES DE LA GESTION DES RISQUES POUR LA GESTION DES BÉNÉFICES DU PROGRAMME

Le tableau X4-2 présente les contrôles de la gestion des risques pour la gestion des bénéfices du programme.

Tableau X4-2. Contrôles de la gestion des risques pour la gestion des bénéfices du programme.

Identifiant du contrôle	Objectif du contrôle
PG.BNF.1	Les opportunités d'obtenir de nouveaux bénéfices qui contribuent à atteindre les objectifs du programme sont régulièrement identifiées et gérées activement tout au long du cycle de vie du programme.
PG.BNF.2	Les opportunités de réaliser les bénéfices du programme de manière plus efficace sont régulièrement identifiées et gérées activement tout au long du cycle de vie du programme.
PG.BNF.3	Les menaces susceptibles d'affecter la réalisation des bénéfices du programme sont régulièrement identifiées et traitées avant la clôture du programme.
PG.BNF.4	Les menaces susceptibles d'affecter la durabilité des bénéfices du programme sont régulièrement identifiées et traitées avant la clôture du programme.

Les facteurs suivants doivent être pris en considération lors de l'identification des risques susceptibles d'affecter la réalisation et la durabilité des bénéfices du programme (contrôles PG.BNF.1, PG.BNF.2, PG.BNF.3 et PG.BNF.4) :

- les conditions du marché ;
- les changements au niveau du climat politique ;
- la continuité dans le leadership après l'achèvement de composants ;
- la disponibilité des ressources pour exécuter des opérations ou d'autres composants nécessaires à la réalisation de bénéfices.

X4.4 CONTRÔLES DE LA GESTION DES RISQUES POUR L'ENGAGEMENT DES PARTIES PRENANTES DU PROGRAMME

Le tableau X4-3 présente les contrôles de la gestion des risques pour l'engagement des parties prenantes du programme.

Tableau X4-3. Contrôles de la gestion des risques pour l'engagement des parties prenantes du programme.

Identifiant du contrôle	Objectif du contrôle
PG.STK.1	Les risques liés aux principales parties prenantes sont régulièrement identifiés et gérés activement tout au long du cycle de vie du programme.
PG.STK.2	Les décisions d'impliquer certaines parties prenantes au niveau du programme ou de ses composants sont évaluées du point de vue du risque.
PG.STK.3	Les risques liés à une dérive potentielle du périmètre causée par les principales parties prenantes sont régulièrement identifiés et gérés activement tout au long du cycle de vie du programme.
PG.STK.4	L'attitude face au risque des principales parties prenantes est régulièrement évaluée. En cas de différences entre les attitudes face au risque des parties prenantes et les niveaux de risque du programme attendus, les risques associés sont identifiés et gérés activement.
PG.STK.5	Les risques liés aux interactions, conflits d'intérêts et intérêts communs potentiels entre les principales parties prenantes sont régulièrement identifiés et gérés activement tout au long du cycle de vie du programme.
PG.STK.6	Les risques liés à l'approche et à la méthode de catégorisation sélectionnées pour l'analyse des parties prenantes sont identifiés et traités lors de la planification de l'engagement des parties prenantes du programme.
PG.STK.7	Les risques liés aux techniques de communication sélectionnées et à l'infrastructure de communication associée sont identifiés et gérés activement tout au long du cycle de vie du programme.
PG.STK.8	Les risques liés à la portée, à la fréquence et à la forme des communications au niveau du programme sont identifiés et gérés activement tout au long du cycle de vie du programme.

Les facteurs suivants doivent être pris en considération lors de l'identification des risques liés aux principales parties prenantes du programme et de leur influence potentielle sur le périmètre du programme (contrôles PG.STK.1 et PG.STK.2) :

- les intérêts alignés sur les objectifs du programme ou opposés ;
- les préférences et les points de vue personnels ;
- les domaines de responsabilité et les objectifs du programme associés ;
- l'impact des bénéfices du programme sur les objectifs des parties prenantes ;

- le type et le niveau de pouvoir de décision ;
- la capacité d'influencer d'autres parties prenantes.

Les facteurs suivants doivent être pris en considération lors de l'évaluation des décisions d'engager certaines parties prenantes au niveau du programme ou des composants du point de vue du risque (contrôle PG.STK.3) :

- la capacité des parties prenantes d'influencer la réalisation des bénéfices du programme ;
- la capacité d'engager une partie prenante donnée au niveau du programme ou de ses composants ;
- les opportunités et les menaces découlant de la collaboration avec une partie prenante donnée au niveau du programme ;
- les opportunités et les menaces découlant de la collaboration avec une partie prenante donnée au niveau du composant.

Les facteurs suivants doivent être pris en considération lors de l'identification et du traitement des différences entre l'attitude face au risque d'une partie prenante et le niveau de risque attendu du programme (contrôle PG.STK.4) :

- l'attitude face au risque de l'organisation et des parties prenantes ;
- les modèles de l'organisation et des parties prenantes du programme ;
- les bénéfices et menaces potentiels par rapport aux activités de l'organisation et des parties prenantes ;
- les processus de gouvernance à l'intérieur et à l'extérieur du programme.

Les facteurs suivants doivent être pris en considération lors de l'identification des risques liés aux interactions, aux conflits d'intérêts et aux intérêts communs potentiels entre les principales parties prenantes du programme (contrôle PG.STK.5) :

- les objectifs communs et opposés ;
- les coalitions existantes ou potentielles ;
- les conflits personnels ;
- les processus de gouvernance organisationnelle.

Les facteurs suivants doivent être pris en considération lors de l'identification des risques liés aux techniques de communication sélectionnées et à l'infrastructure de communication associée (contrôle PG.STK.7) :

- la capacité de transmettre certaines formes d'informations (par exemple, visuelles, sonores ou textuelles) ;
- le niveau sonore ;
- la traçabilité des informations ;
- le niveau d'authentification ;

- la familiarité des parties prenantes avec l'utilisation des techniques requises et de la technologie associée ;
- la fiabilité et la disponibilité de la technologie requise ;
- l'accès des parties prenantes à la technologie requise ;
- les processus de gouvernance organisationnelle.

X4.5 CONTRÔLES DE LA GESTION DES RISQUES POUR LA GOUVERNANCE DU PROGRAMME

Le tableau X4-4 présente les contrôles de la gestion des risques pour la gouvernance du programme.

Tableau X4-4. Contrôles de la gestion des risques pour la gouvernance du programme.

Identifiant du contrôle	Objectif du contrôle
PG.GOV.1	Les risques liés aux structures, politiques et procédures de gouvernance du programme sont régulièrement identifiés, mentionnés dans les documents de gouvernance et de gestion du programme, mais aussi gérés activement tout au long du cycle de vie du programme.
PG.GOV.2	Les risques découlant de la complexité du programme sont régulièrement identifiés, mentionnés dans les documents de gouvernance et de gestion du programme, mais aussi gérés activement tout au long du cycle de vie du programme.
PG.GOV.3	Tous les composants du programme ont une gestion des risques en place dont l'efficacité est suivie régulièrement.
PG.GOV.4	Il existe des politiques claires concernant l'escalade des risques afin de garantir la gestion optimale des risques du programme et de ses composants. Ces politiques figurent dans les plans de gestion au niveau des composants.

Les facteurs suivants doivent être pris en considération lors de l'identification des risques liés aux structures, politiques et procédures de gouvernance du programme (contrôle PG.GOV.1).

- Pour les structures de gouvernance du programme :
  - la complexité de la structure de gouvernance globale, notamment le nombre de comités de supervision ;
  - une responsabilité claire ;
  - le niveau des interdépendances ;
  - l'intégration à d'autres structures au sein de l'organisation ;
  - le degré de représentation des principales parties prenantes.

- Pour les processus de prise de décision et les politiques du programme :
  - la complexité des processus de prise de décision définitive ;
  - la transparence ;
  - l'implication des principales parties prenantes ;
  - l'équité ;
  - le moment pour prendre des décisions ;
  - les systèmes de gestion de l'information ;
  - les mécanismes de qualité.

Les facteurs suivants doivent être pris en considération lors de l'identification des risques découlant de la complexité du programme (contrôle PG.GOV.2) :

- la gouvernance et la prise de décision ;
- le nombre et la diversité des parties prenantes et de leurs intérêts ;
- la répartition géographique ;
- la nature et le niveau d'accord sur la définition des bénéfices ;
- le nombre, la nature et les dynamiques des interdépendances ;
- le nombre, la répartition et les dynamiques des ressources ;
- le nombre et la nature des livrables ;
- la sophistication et les dynamiques des principaux processus ;
- le nombre, la nature et les dynamiques des facteurs extérieurs qui influencent le programme.

Les politiques d'escalade des risques (contrôle PG.GOV.4) se fondent généralement sur :

- le niveau de l'impact potentiel ;
- les interdépendances potentielles entre les composants du programme ;
- les catégories de risques par rapport aux compétences à gérer certains types de risque ;
- les niveaux d'autorisation de parties prenantes du programme en particulier.

X4.6 CONTRÔLES DE LA GESTION DES RISQUES POUR LA GESTION DU CYCLE DE VIE DU PROGRAMME

Le tableau X4-5 présente les contrôles de la gestion des risques pour la gestion du cycle de vie du programme.

Tableau X4-5. Contrôles de la gestion des risques pour la gestion du cycle de vie du programme.

Identifiant du contrôle	Objectif du contrôle
PG.LFC.1	La phase de définition du programme inclut l'identification des risques, leur analyse et la planification des réponses aux risques au niveau du programme. Tous les risques importants identifiés à ce stade sont traités par la gouvernance du programme et les documents de gestion. Ils font partie intégrante des décisions relatives à la formulation du programme, de ses objectifs et de son périmètre.
PG.LFC.2	Les activités d'autorisation et de planification des composants incluent l'identification des risques, leur analyse et la planification des réponses aux risques. Les risques des principaux composants sont traités le plus tôt possible.
PG.LFC.3	Les activités d'intégration et de supervision des composants incluent l'identification, l'analyse et la maîtrise des risques, ainsi que la planification des réponses aux risques de façon régulière. Les risques du programme causés par les composants sont identifiés et traités dès que possible.
PG.LFC.4	Les risques liés à la transition des composants sont traités dès que possible et de préférence avant la clôture des composants.

Les facteurs suivants doivent être pris en considération lors de l'élaboration de politiques, de processus et de structures de gestion des risques couvrant le cycle de vie du programme à tous les niveaux (contrôles PG.LFC.1, PG.LFC.2, PG.LFC.3 et PG.LFC.4) :

- les risques découlant du cycle de vie du programme décidé ;
- la nature des risques pouvant émerger dans le programme et la capacité à les gérer à divers niveaux du programme ;
- la complexité du programme et la capacité de la réduire en gérant les risques aux niveaux les plus efficaces ;
- l'efficacité potentielle du management de programme et des composants par rapport à la gestion du risque ;
- les inconnus-inconnus potentiels ;
- les risques résiduels et secondaires potentiels ;
- l'effet des événements à très faible probabilité et à fort impact (cygne noir).

X4.7 CONTRÔLES DE LA GESTION DES RISQUES POUR LES ACTIVITÉS DE SOUTIEN DU PROGRAMME

Le tableau X4-6 présente les contrôles de la gestion des risques pour les activités de soutien du programme.

Tableau X4-6. Contrôles de la gestion des risques pour les activités de soutien du programme.

Identifiant du contrôle	Objectif du contrôle
PG.SUP.1	Il existe des politiques claires concernant la gestion des risques dans toutes les activités de soutien du programme. Dans le cadre de ces politiques, des contrôles de gestion pertinents sont établis dans chaque domaine de ces activités.
PG.SUP.2	Il existe des politiques claires sur les risques liés aux activités de soutien qui sont gérés au niveau du composant et du programme, notamment les règles efficaces d'escalade des risques.
PG.SUP.3	Il existe des politiques claires d'intégration des activités des risques du programme dans la gestion des risques d'entreprise.
PG.SUP.4	Il existe des politiques claires d'intégration des activités des risques du programme dans la gestion des risques des opérations.

Les facteurs suivants doivent être pris en considération lors de la gestion des risques dans toutes les activités de soutien du programme, au niveau du programme ou des composants ou encore des processus de gestion des risques d'entreprise (contrôles PG.SUP.1, PG.SUP.2 et PG.SUP.3).

Il est important d'établir des politiques efficaces de gestion des risques dans toutes les activités de soutien du programme. Une attention particulière est accordée aux règles relatives à la gestion des risques entre le programme et ses composants, notamment les mécanismes d'escalade. Ceci permet de veiller à ce qu'aucun domaine entre les niveaux des composants et du programme n'échappe aux pratiques de gestion des risques.

Les activités de soutien du programme incluent :

- la gestion des changements du programme ;
- la gestion des communications du programme ;
- la gestion financière du programme ;
- la gestion de l'information du programme ;
- la gestion des approvisionnements du programme ;
- la gestion de la qualité du programme ;

- la gestion des ressources du programme ;
- la gestion des risques du programme ;
- la gestion de l'échéancier du programme ;
- la gestion du périmètre du programme.

Bien que la gestion de ces activités au niveau du programme soit souvent nettement différente de la façon dont elles sont gérées au niveau des composants, les contrôles de la gestion des risques pour les activités de soutien du programme sont de nature similaire à ceux des domaines de connaissance correspondants du projet (voir l'annexe X5).

Si les opérations ne font généralement pas partie du management de programme, les risques associés aux opérations sont traités dans le cadre de la gestion des risques du programme. L'intégration des opérations aux projets des composants du programme représente une partie importante de l'équation de réalisation des bénéfices. Elle devient critique avec certaines pratiques Agiles où le travail des composants et les tâches opérationnelles se superposent. Cela est particulièrement vrai dans un environnement hétérogène de développement et d'opérations.

Les facteurs suivants doivent être pris en considération lors de la gestion des risques liés aux opérations (contrôle PG.SUP.4) :

- l'impact réciproque du programme sur les opérations et la création de valeur pour l'organisation ;
- l'intégration du travail du projet à l'environnement des opérations ;
- le pouvoir de décision de l'équipe projet par opposition au chef des opérations ;
- le pouvoir de décision du chef de programme par opposition au chef des opérations.

ANNEXE X5
CONTRÔLES DE LA GESTION DES RISQUES DES PROJETS

X5.1 OBJECTIF DES CONTRÔLES DE LA GESTION DES RISQUES DES PROJETS

La gestion des risques des projets consiste à assurer l'obtention du produit, du service ou du résultat unique pour lesquels le projet a été entrepris. Les contrôles de la gestion des risques y contribuent en intégrant les pratiques de prévention des risques au cycle de vie du projet, ainsi que pour tous les domaines de connaissance. Ainsi, la gestion des risques fait partie intégrante du management de projet.

La sélection, l'adaptation, l'application et le suivi de certains contrôles d'un projet donné font partie des activités de gouvernance. Dans tous les cas où le terme risque est utilisé, les risques résiduels et secondaires doivent être pris en considération, le cas échéant. Les sections X5.2 à X5.11 présentent les contrôles de la gestion des risques du projet ainsi que des exemples de facteurs à prendre en considération pour certains contrôles.

X5.2 CONTRÔLES DE LA GESTION DES RISQUES POUR LA GESTION DE L'INTÉGRATION DU PROJET

Le tableau X5-1 présente les contrôles de la gestion des risques pour la gestion de l'intégration du projet.

Tableau X5-1. Contrôles de la gestion des risques pour la gestion de l'intégration du projet.

Identifiant du contrôle	Objectif du contrôle
PR.INT.1	Les risques globaux du projet sont identifiés au démarrage du projet et pris en considération lors de la définition des objectifs et du périmètre du projet. En général, cela se produit dans le cadre de l'analyse du cas d'affaires et inclut l'analyse des facteurs environnementaux de l'organisation et des tendances qui leur sont associées. Les retours d'expérience des projets précédents et actuels sont également pris en considération.
PR.INT.2	L'organisation des processus de planification est analysée afin d'identifier les risques potentiels découlant d'une planification du management de projet incohérente ou incomplète ou bien de références de base inexactes ou incomplètes.
PR.INT.3	Les opportunités d'améliorer constamment l'exécution des livrables du projet sont régulièrement identifiées à tous les niveaux du projet.
PR.INT.4	Lors de la prise de décisions sur les demandes de changement, les risques liés à l'application ou au refus d'un changement sont pris en considération.
PR.INT.5	Lors de la prise de décisions sur les demandes de changement, les risques liés à l'application de certaines séries de changements conjointement ou séparément sont pris en considération.
PR.INT.6	Lorsque l'acceptation ou le refus des demandes de changement introduit de nouveaux risques au niveau du projet, ces risques sont gérés conformément aux processus convenus pour la gestion des risques du projet.
PR.INT.7	Avant de clore un projet, les risques liés à la capacité de réaliser le cas d'affaires sont réévalués et leur gestion se poursuit après la clôture du projet.

Les facteurs suivants doivent être pris en considération lors de l'identification des risques liés à l'organisation des processus de planification et des opportunités afin d'améliorer constamment l'exécution des livrables du projet (contrôles PR.INT.2 et PR.INT.3) :

- le recours à un effort d'amélioration constante des processus dans le cadre d'un programme de qualité intégré ;
- la réaction des parties prenantes ;
- le niveau d'expérience des membres de l'équipe ;
- la maturité des équipes projet ;
- l'approche du cycle de vie du projet (prédictive, itérative, incrémentale ou Agile) ;
- la capacité d'affronter la complexité du projet.

Les facteurs suivants doivent être pris en considération lors de l'identification des risques liés à l'application ou au refus d'un changement (contrôle PR.INT.4) :

- la réaction des parties prenantes ;
- l'impact sur d'autres approbations des livrables ;
- l'impact sur un autre travail ;
- les coûts supplémentaires inattendus ou les possibilités de réduction des coûts ;
- les conséquences contractuelles ;
- les conséquences réglementaires.

Les facteurs suivants doivent être pris en considération lors de l'identification des risques liés à l'application de certaines séries de changements conjointement ou séparément (contrôle PR.INT.5) :

- l'interaction entre les changements ;
- l'impact sur la complexité du projet ;
- la disponibilité et les capacités des ressources ;
- la capacité de gérer plusieurs changements à la fois.

X5.3 CONTRÔLES DE LA GESTION DES RISQUES POUR LA GESTION DU PÉRIMÈTRE DU PROJET

Le tableau X5-2 présente les contrôles de la gestion des risques pour la gestion du périmètre du projet.

Tableau X5-2. Contrôles de la gestion des risques pour la gestion du périmètre du projet.

Identifiant du contrôle	Objectif du contrôle
PR.SCP.1	Les risques liés au cycle de vie du projet sont pris en considération lors de la planification de la gestion du périmètre du projet.
PR.SCP.2	Les risques découlant des facteurs environnementaux sont pris en considération lors de la planification de la gestion du périmètre du projet et de l'établissement de la référence de base du périmètre.
PR.SCP.3	Les risques liés à l'approche et à la méthode utilisées pour collecter, documenter et actualiser les exigences sont pris en considération lors de la planification de la gestion des exigences.
PR.SCP.4	Les risques liés à l'approche et à la méthode sélectionnées pour définir, décomposer, valider et contrôler le périmètre du produit et du projet sont pris en considération lors de la planification de la gestion du périmètre du projet.
PR.SCP.5	Les informations sur la performance d'exécution obtenues des activités de maîtrise du périmètre sont régulièrement analysées afin d'identifier de nouveaux risques potentiels et de détecter la concrétisation de précédents risques identifiés.

Les facteurs suivants doivent être pris en considération lors de l'identification des risques liés au cycle de vie du projet (contrôle PR.SCP.1).

- Pour les cycles de vie prédictifs :
  - le niveau d'expertise pour préciser le périmètre ;
  - la prévisibilité du périmètre ;
  - la capacité d'anticiper de futures exigences ;
  - la capacité de prévoir ou de maîtriser les facteurs environnementaux de l'organisation ;
  - l'impact sur la capacité de réagir aux nouvelles opportunités susceptibles de se présenter lors de l'exécution du projet ;
  - le recours aux lots de planification et à la planification par vagues.
- Pour les cycles de vie itératifs et incrémentaux :
  - la volonté des parties prenantes d'agir avec une définition de périmètre limité ;
  - la volonté des décideurs de prendre régulièrement des décisions relatives au périmètre ;
  - la capacité de réagir en temps voulu aux résultats et aux retours d'expérience de précédentes itérations ;
  - la volonté des parties prenantes de recevoir des résultats partiels ;
  - la capacité de décomposer le périmètre en lots de travaux pouvant être exécutés dans des cycles convenus ;
  - l'impact sur la capacité de réagir aux nouvelles opportunités susceptibles de se présenter lors de l'exécution du projet.
- Pour les cycles de vie adaptatifs, en plus des cycles de vie itératifs et incrémentaux :
  - la capacité de gérer activement la définition du périmètre actuel ;
  - la volonté d'accepter de grands changements fréquents avec l'avancement du projet ;
  - la capacité de tenir compte des interdépendances dans un périmètre établi progressivement.

Les facteurs suivants doivent être pris en considération lors de l'identification des risques découlant de facteurs environnementaux (contrôle PR.SCP.2) :

- l'évolution des conditions du marché ;
- l'évolution du climat politique ;
- l'évolution des exigences réglementaires.

Les facteurs suivants doivent être pris en considération lors de l'identification des risques liés à l'approche et à la méthode utilisées pour collecter, documenter et actualiser les exigences (contrôle PR.SCP.3) :

- le niveau d'engagement de parties prenantes en particulier ;
- la disponibilité des parties prenantes et leur volonté de coopérer ;
- l'expérience des parties prenantes dans le domaine ;

- la capacité des parties prenantes de prévoir leurs besoins ;
- la capacité des parties prenantes d'exprimer leurs besoins ;
- l'impact du processus de collecte des exigences sur les attentes des parties prenantes ;
- les biais cognitifs ;
- les limites de la forme de documentation choisie ;
- la capacité des parties prenantes concernées de confirmer les exigences une fois consignées ;
- la capacité des personnes chargées de planifier et d'exécuter le travail du projet de comprendre les exigences ;
- la différence fondamentale entre les exigences de l'utilisateur ou opérationnelles générales et les exigences de conception ou techniques détaillées.

Les facteurs suivants doivent être pris en considération lors de l'identification des risques liés à l'approche et à la méthode utilisées pour définir, décomposer, valider et contrôler le périmètre du produit et du projet (contrôle PR.SCP.4).

- L'impact de l'approche de décomposition du périmètre sur la capacité d'accomplir ce qui suit :
  - délégation ;
  - agrégation ;
  - coopération ;
  - optimisation de l'utilisation des ressources ;
  - suivi d'autres aspects du projet, comme le temps et le coût.
- L'impact de l'approche de la documentation sur la capacité d'accomplir ce qui suit :
  - réagir aux changements ;
  - décrire le produit et le travail de façon claire et précise ;
  - distribuer les documents actualisés du périmètre aux parties prenantes concernées.
- La capacité des personnes chargées de planifier et d'exécuter le travail du projet de comprendre le périmètre.
- La capacité de suivre les progrès de façon objective et claire.
- La capacité d'éviter une dérive du périmètre et l'ajout de fonctionnalités inutiles (« gold plating »).

Les facteurs suivants doivent être pris en considération lors de l'identification des risques liés aux informations sur la performance d'exécution obtenues des activités de maîtrise du périmètre (contrôle PR.SCP.5) :

- l'adaptation des rapports ;
- les canaux de diffusion des informations et des données.

X5.4 CONTRÔLES DE LA GESTION DES RISQUES POUR LA GESTION DE L'ÉCHÉANCIER DU PROJET

Le tableau X5-3 présente les contrôles de la gestion des risques pour la gestion de l'échéancier du projet.

Tableau X5-3. Contrôles de la gestion des risques pour la gestion de l'échéancier du projet.

Identifiant du contrôle	Objectif du contrôle
PR.SCH.1	Les risques liés au cycle de vie du projet sont pris en considération lors de la planification de la gestion de l'échéancier du projet.
PR.SCH.2	Les risques découlant des facteurs environnementaux sont pris en considération lors de la planification de la gestion de l'échéancier du projet et de l'établissement de la référence de base de l'échéancier.
PR.SCH.3	Les risques liés à l'approche et à la méthode sélectionnées pour estimer la durée des activités sont pris en considération lors de la planification de la gestion de l'échéancier du projet.
PR.SCH.4	Les risques liés à l'approche et à la méthode sélectionnées pour organiser les activités en séquence sont pris en considération lors de la planification de la gestion de l'échéancier du projet.
PR.SCH.5	Les risques liés à l'approche et à la méthode sélectionnées pour l'élaboration et la maîtrise de l'échéancier sont pris en considération lors de la planification de la gestion de l'échéancier du projet.
PR.SCH.6	Les informations sur la performance d'exécution obtenues des activités de maîtrise de l'échéancier sont régulièrement analysées afin d'identifier de nouveaux risques potentiels et de détecter la concrétisation de précédents risques identifiés.

Les facteurs suivants doivent être pris en considération lors de l'identification des risques liés au cycle de vie du projet (contrôle PR.SCH.1).

- Pour les cycles de vie prédictifs :
  - la prévisibilité du périmètre ;
  - la capacité d'estimer la durée et les besoins en ressources de futures activités ;
  - la capacité de prévoir la disponibilité et les capacités des ressources ;
  - la capacité de prévoir et de maîtriser les facteurs environnementaux de l'organisation ;
  - le recours aux lots de planification et à la planification par vagues.

- Pour les cycles de vie itératifs et incrémentaux :
  - la volonté des parties prenantes d'agir selon un échéancier à jalons général ;
  - la disponibilité des décideurs à prendre des décisions régulièrement et en temps utile ;
  - la capacité de livrer des incréments significatifs dans la durée convenue du cycle de vie ;
  - la capacité de réagir en temps voulu aux résultats et aux retours d'expérience de précédentes itérations ;
  - la capacité des principales parties prenantes, notamment les fournisseurs, de maintenir un rythme durable ;
  - la capacité de gérer des tâches qui, en raison de leur nature, demandent plus de temps que le cycle de vie convenu.
- Pour les cycles de vie adaptatifs, en plus des cycles de vie itératifs et incrémentaux :
  - la volonté des parties prenantes d'agir dans un environnement qui évolue ;
  - la capacité de tenir compte des interdépendances dans un échéancier établi progressivement.

Les facteurs suivants doivent être pris en considération lors de l'identification des risques découlant de facteurs environnementaux (contrôle PR.SCH.2) :

- l'état de l'environnement naturel ;
- la disponibilité des principales ressources ;
- la rapidité de la prise de décisions par des personnes de l'extérieur ;
- les conflits avec d'autres composants du programme ou du portefeuille ;
- les conflits avec des événements extérieurs.

Les facteurs suivants doivent être pris en considération lors de l'identification des risques liés à l'approche et à la méthode utilisées pour estimer la durée des activités (contrôle PR.SCH.3) :

- la sélection et le niveau de compétence des experts ;
- la disponibilité et la crédibilité des sources de données ;
- la familiarité avec les outils et techniques d'estimation choisis ;
- la pertinence des modèles d'estimation ;
- l'exactitude des durées estimées de la même façon ;
- l'approche de l'estimation.

Les facteurs suivants doivent être pris en considération lors de l'identification des risques liés à l'approche et à la méthode utilisées pour organiser les activités en séquence (contrôle PR.SCH.4) :

- le niveau des interdépendances ;
- les niveaux d'appétence et d'attitude face au risque des parties prenantes ;
- la probabilité des changements ;
- l'impact des retards potentiels et des livraisons accélérées ;
- l'impact des contraintes des ressources ;
- l'impact de l'augmentation des backlogs ;
- l'impact du travail en cours.

Les facteurs suivants doivent être pris en considération lors de l'identification des risques liés à l'approche et à la méthode utilisées pour l'élaboration et la maîtrise de l'échéancier (contrôle PR.SCH.5).

- La capacité de traiter des aspects importants de l'échéancier dans un projet particulier, comme :
  - la programmation dans le temps ;
  - la gestion des interdépendances ;
  - la gestion de l'allocation des ressources ;
  - la gestion de la logistique ;
  - la gestion des réserves.
- La familiarité avec les outils utilisés, comme mesurée par ce qui suit :
  - la capacité d'affronter la complexité du projet ;
  - la capacité d'utiliser les outils pour optimiser l'échéancier ;
  - la capacité d'intégrer les efforts de planification aux autres principales parties prenantes ;
  - la capacité de livrer aux principales parties prenantes des données pertinentes sur les performances en temps opportun ;
  - la capacité de visualiser l'échéancier et les progrès.

X5.5 CONTRÔLES DE LA GESTION DES RISQUES POUR LA GESTION DES COÛTS DU PROJET

Le tableau X5-4 présente les contrôles de la gestion des risques pour la gestion des coûts du projet.

Tableau X5-4. Contrôles de la gestion des risques pour la gestion des coûts du projet.

Identifiant du contrôle	Objectif du contrôle
PR.CST.1	Les risques liés au cycle de vie du projet sont pris en considération lors de la planification de la gestion des coûts du projet.
PR.CST.2	Les risques découlant des facteurs environnementaux sont pris en considération lors de la planification de la gestion des coûts du projet et de l'établissement de la référence de base des coûts.
PR.CST.3	Les risques liés à l'approche et à la méthode sélectionnées pour estimer les coûts sont pris en considération lors de la planification de la gestion des coûts du projet.
PR.CST.4	Les risques liés à l'approche et à la méthode sélectionnées pour déterminer la maîtrise du budget et des coûts sont pris en considération lors de la planification de la gestion des coûts du projet.
PR.CST.5	Les informations sur la performance d'exécution obtenues des activités de maîtrise des coûts sont régulièrement analysées afin d'identifier de nouveaux risques potentiels et de détecter la concrétisation de précédents risques identifiés.

Les facteurs suivants doivent être pris en considération lors de l'identification des risques liés au cycle de vie du projet (contrôle PR.CST.1).

- Pour les cycles de vie prédictifs :
  - la prévisibilité du périmètre ;
  - la capacité d'estimer la durée et les besoins en ressources de futures activités ;
  - la volonté des parties prenantes de fournir un financement sans bénéfices immédiats ;
  - la capacité de prévoir et de maîtriser les facteurs environnementaux de l'organisation ;
  - le recours aux lots de planification et à la planification par vagues.
- Pour les cycles de vie itératifs et incrémentaux :
  - la volonté des parties prenantes de fournir un financement pour répondre partiellement aux exigences du client ou de l'utilisateur lors du développement incrémental ;
  - la disponibilité des décideurs à prendre des décisions régulièrement et en temps utile ;
  - le niveau de financement inégal requis dans certaines itérations ou certains incréments ;
  - la capacité de réagir en temps voulu aux résultats et aux retours d'expérience de précédentes itérations ou de précédents incréments.

- Pour les cycles de vie adaptatifs, en plus des cycles de vie itératifs et incrémentaux :
  - la volonté des parties prenantes de fournir un financement dans un environnement qui évolue ;
  - la capacité de tenir compte des dépenses imprévues dans un budget établi progressivement.

Les facteurs suivants doivent être pris en considération lors de l'identification des risques découlant de facteurs environnementaux (contrôle PR.CST.2) :

- le besoin en financement des partenaires et des fournisseurs ;
- les conditions du marché ;
- les coûts des matériaux et des ressources ;
- les taux de change ;
- la capacité des parties prenantes de fournir un financement ;
- les politiques des organisations de financement ;
- les conditions contractuelles.

Les facteurs suivants doivent être pris en considération lors de l'identification des risques liés à l'approche et à la méthode sélectionnées pour estimer les coûts (contrôle PR.CST.3) :

- la sélection et le niveau de compétence des experts ;
- la disponibilité et la crédibilité des sources de données ;
- la familiarité avec les outils et techniques d'estimation choisis ;
- la pertinence des modèles d'estimation ;
- l'exactitude des coûts estimés de la même façon.

Les facteurs suivants doivent être pris en considération lors de l'identification des risques liés à l'approche et à la méthode sélectionnées pour déterminer la maîtrise du budget et des coûts (contrôle PR.CST.4).

- La capacité de traiter des aspects importants de la gestion financière dans un projet particulier, comme :
  - la planification, la maîtrise et l'allocation des coûts à des lots de travaux particuliers ou la planification des lots ;
  - la planification, la maîtrise et la répartition des dépenses dans le temps ;
  - la planification, la maîtrise et la répartition des flux de trésorerie ;
  - la gestion des règlements ;
  - la gestion des opérations dans plusieurs devises ;
  - la gestion des réserves.

- La capacité de comparer les coûts à la performance du périmètre et de l'échéancier.
- La familiarité avec les outils utilisés.
- La capacité d'affronter la complexité du projet.
- La capacité d'utiliser les outils pour optimiser le budget.
- La capacité d'intégrer les efforts de planification aux autres principales parties prenantes.
- La capacité de livrer aux principales parties prenantes des données pertinentes sur les performances en temps opportun.
- La capacité de visualiser le budget et son état dans les principaux domaines.

X5.6 CONTRÔLES DE LA GESTION DES RISQUES POUR LA GESTION DE LA QUALITÉ DU PROJET

Le tableau X5-5 présente les contrôles de la gestion des risques pour la gestion de la qualité du projet.

Tableau X5-5. Contrôles de la gestion des risques pour la gestion de la qualité du projet.

Identifiant du contrôle	Objectif du contrôle
PR.QLT.1	Les risques liés au cycle de vie du projet sont pris en considération lors de la planification de la gestion de la qualité du projet.
PR.QLT.2	Les risques découlant des facteurs environnementaux sont pris en considération lors de la planification de la gestion de la qualité du projet.
PR.QLT.3	Les risques liés à l'approche et à la méthode sélectionnées pour gérer la qualité sont pris en considération lors de la planification de la gestion de la qualité du projet.
PR.QLT.4	Les risques liés à l'approche et à la méthode sélectionnées pour contrôler la qualité sont pris en considération lors de la planification de la gestion de la qualité du projet.
PR.QLT.5	Les opportunités d'amélioration continue des processus sont identifiées et gérées activement tout au long du cycle de vie du projet, y compris la mise en œuvre de processus de prise de décision accessibles et efficaces dans ce domaine.
PR.QLT.6	Les informations sur la performance d'exécution obtenues des activités de contrôle de la qualité sont régulièrement analysées afin d'identifier de nouveaux risques potentiels et de détecter la concrétisation de précédents risques identifiés.

Les facteurs suivants doivent être pris en considération lors de l'identification des risques liés au cycle de vie du projet (contrôle PR.QLT.1).

- Pour les cycles de vie prédictifs :
  - la prévisibilité du périmètre ;
  - la capacité de déterminer les exigences des parties prenantes en matière de qualité ;
  - la capacité des décideurs de prendre des décisions relatives à la qualité qui soutiennent le système de gestion des changements du projet ;
  - la capacité de livrer dans les métriques qualité convenues ;
  - la capacité de déterminer et de prévoir les exigences réglementaires en matière de qualité ;
  - le recours aux lots de planification et à la planification par vagues.
- Pour les cycles de vie itératifs, incrémentaux et adaptatifs :
  - la capacité de définir les exigences de qualité tout en ayant une prévisibilité limitée du périmètre ;
  - la disponibilité des décideurs à prendre des décisions relatives à la qualité régulièrement et en temps utile ;
  - la capacité de livrer dans les métriques qualité et les cycles de livraison convenus ;
  - la capacité de déterminer rapidement les exigences réglementaires sur la qualité des livrables qui évoluent ;
  - la capacité de s'assurer que les exigences réglementaires relatives aux résultats sont respectées lors de la mise à disposition des livrables ;
  - la capacité de réagir en temps voulu aux résultats et aux retours d'expérience de précédentes itérations ou de précédents incréments.

Les facteurs suivants doivent être pris en considération lors de l'identification des risques découlant de facteurs environnementaux (contrôle PR.QLT.2) :

- les changements potentiels des réglementations, des normes et des standards ;
- l'état de l'environnement naturel ayant un impact potentiel sur la qualité (aptitude à l'emploi) ;
- la capacité des tiers de fournir de la qualité et de s'adapter aux changements potentiels ;
- la disponibilité de tiers indépendants pour contrôler la qualité.

Les facteurs suivants doivent être pris en considération lors de l'identification des risques liés à l'approche et à la méthode sélectionnées pour gérer la qualité (contrôle PR.QLT.3) :

- la distribution de l'attention entre la prévention (assurance), la détection (contrôle) et les actions correctives ;
- l'implication des parties prenantes dans les efforts pour la qualité ;
- les moyens de motivation ou de mobilisation utilisés pour stimuler les efforts en matière de qualité ;
- la disponibilité et la justesse des données pour la gestion de la qualité axée sur les données ;
- la disponibilité des outils et techniques de visualisation de la qualité.

Les facteurs suivants doivent être pris en considération lors de l'identification des risques liés à l'approche et à la méthode sélectionnées pour gérer la qualité (contrôle PR.QLT.4) :

- la capacité de sélectionner et de mesurer les principales métriques qualité ;
- l'exactitude des mesures ;
- l'efficacité de l'échantillonnage ;
- la capacité d'observer les tendances des métriques qualité ;
- l'existence et l'efficacité des méthodes d'identification des causes fondamentales.

Les techniques suivantes doivent être utilisées pour identifier les opportunités d'amélioration des processus (contrôle PR.QLT.5) :

- le cycle Planifier-Dérouler-Contrôler-Agir (PDCA) ;
- les cercles de qualité ;
- les rétrospectives régulières du projet ;
- les retours d'expérience ;
- le management Lean ;
- la théorie des contraintes.

X5.7 CONTRÔLES DE LA GESTION DES RISQUES POUR LA GESTION DES RESSOURCES DU PROJET

Le tableau X5-6 présente les contrôles de la gestion des risques pour la gestion des ressources du projet.

Tableau X5-6. Contrôles de la gestion des risques pour la gestion des ressources du projet.

Identifiant du contrôle	Objectif du contrôle
PR.RES.1	Les risques liés au cycle de vie du projet sont pris en considération lors de la planification de la gestion des ressources du projet et des besoins en ressources.
PR.RES.2	Les risques découlant des facteurs environnementaux sont pris en considération lors de la planification de la gestion des ressources du projet et des besoins en ressources.
PR.RES.3	Les risques liés à l'approche et à la méthode sélectionnées pour estimer les ressources sont pris en considération lors de la planification de la gestion des ressources du projet et des besoins en ressources.
PR.RES.4	Les risques liés à l'approche et à la méthode sélectionnées pour obtenir les ressources sont pris en considération lors de la planification de la gestion des ressources du projet et des besoins en ressources.
PR.RES.5	Les risques liés à l'approche et à la méthode sélectionnées pour développer et gérer une équipe sont pris en considération lors de la planification de la gestion des ressources du projet et gérés tout au long du cycle de vie du projet.
PR.RES.6	Les informations sur la performance d'exécution obtenues des activités de contrôle des ressources sont régulièrement analysées afin d'identifier de nouveaux risques potentiels et de détecter la concrétisation de précédents risques identifiés.

Les facteurs suivants doivent être pris en considération lors de l'identification des risques liés au cycle de vie du projet (contrôle PR.RES.1).

- Pour les cycles de vie prédictifs :
  - la prévisibilité du périmètre ;
  - la capacité de prévoir les besoins en ressources ;
  - la capacité de prévoir la disponibilité des ressources ;
  - la capacité de prévoir les capacités des ressources ;
  - la capacité d'adapter les aptitudes ou capacités des ressources aux changements potentiels ;
  - le recours aux lots de planification et à la planification par vagues.

- Pour les cycles de vie itératifs, incrémentaux et adaptatifs :
  - la volonté des parties prenantes d'engager des ressources de manière flexible ;
  - la disponibilité des décideurs à prendre régulièrement des décisions relatives aux ressources ;
  - la volonté de l'équipe projet d'agir dans un environnement qui évolue ;
  - la capacité de l'équipe projet de maintenir un rythme durable.

Les facteurs suivants doivent être pris en considération lors de l'identification des risques découlant de facteurs environnementaux (contrôle PR.RES.2) :

- la disponibilité générale des ressources nécessaires ;
- les cycles de disponibilité des ressources historiques ;
- les autres initiatives susceptibles d'influencer la disponibilité des ressources ;
- les conditions du marché pour les principales ressources comme les talents, les matériaux et l'équipement ;
- la concurrence sur les principales ressources.

Les facteurs suivants doivent être pris en considération lors de l'identification des risques liés à l'approche et à la méthode sélectionnées pour estimer les ressources (contrôle PR.RES.3) :

- la sélection et le niveau de compétence des experts ;
- la disponibilité et la crédibilité des sources de données ;
- la familiarité avec les outils et techniques d'estimation choisis ;
- la pertinence des modèles d'estimation ;
- l'exactitude des durées estimées de la même façon.

Les facteurs suivants doivent être pris en considération lors de l'identification des risques liés à l'approche et à la méthode sélectionnées pour obtenir des ressources (contrôle PR.RES.4) :

- l'efficacité des techniques d'acquisition sous certaines conditions ;
- l'impact des efforts d'acquisition du projet sur les coûts des ressources ;
- la capacité de vérifier les principales caractéristiques des ressources ;
- la sécurité des informations du projet dans le contexte des communications sur l'acquisition ;
- la capacité de promouvoir les connaissances et la propriété intellectuelle dans le contexte des conditions contractuelles ;
- les délais d'acquisition.

Les facteurs suivants doivent être pris en considération lors de l'identification des risques liés à l'approche et à la méthode sélectionnées pour développer l'équipe (contrôle PR.RES.5) :

- la mesure dans laquelle les membres de l'équipe se connaissent déjà ;
- les relations existantes au sein de l'équipe ;
- les caractéristiques psychologiques des membres de l'équipe ;
- le style de gestion du chef de projet et des parties prenantes de l'organisation ;
- le climat d'entreprise et les actifs organisationnels ;
- les sources de motivation naturelles des membres de l'équipe ;
- les systèmes de mobilisation au sein de l'organisation ;
- le temps et les ressources disponibles pour la cohésion d'équipe ;
- la répartition géographique de l'équipe ;
- le temps que les membres de l'équipe passent ensemble ;
- les technologies de communication disponibles ;
- la capacité de gérer efficacement les conflits ;
- les différences culturelles.

X5.8 CONTRÔLES DE LA GESTION DES RISQUES POUR LA GESTION DES COMMUNICATIONS DU PROJET

Le tableau X5-7 présente les contrôles de la gestion des risques pour la gestion des communications du projet.

Tableau X5-7. Contrôles de la gestion des risques pour la gestion des communications du projet.

Identifiant du contrôle	Objectif du contrôle
PR.COM.1	Les risques liés au cycle de vie du projet sont pris en considération lors de la planification de la gestion des communications du projet.
PR.COM.2	Les risques découlant des facteurs environnementaux sont pris en considération lors de la planification de la gestion des communications du projet.
PR.COM.3	Les risques découlant de l'impact potentiel de certaines informations ou données transmises à certaines parties prenantes ou retenues par celles-ci sont pris en considération lors de la planification de la gestion des communications du projet.
PR.COM.4	Les risques liés à l'approche et à la méthode sélectionnées pour gérer et maîtriser les communications sont pris en considération lors de la planification de la gestion des communications du projet.
PR.COM.5	Les informations sur la performance d'exécution obtenues des activités de maîtrise des communications sont régulièrement analysées afin d'identifier de nouveaux risques potentiels et de détecter la concrétisation de précédents risques identifiés.

Les facteurs suivants doivent être pris en considération lors de l'identification des risques liés au cycle de vie du projet (contrôle PR.COM.1).

- Pour les cycles de vie prédictifs :
  - la capacité de prévoir les besoins en communication des parties prenantes ;
  - la capacité de réagir face à des événements et des changements inattendus ;
  - la volonté des parties prenantes de recevoir des communications et d'y répondre.
- Pour les cycles de vie itératifs, incrémentaux et adaptatifs :
  - la capacité d'adapter constamment les communications à l'environnement du projet qui évolue ;
  - la volonté des parties prenantes de recevoir et de répondre régulièrement aux communications, conformément aux dynamiques du cycle de livraison.

Les facteurs suivants doivent être pris en considération lors de l'identification des risques découlant de facteurs environnementaux (contrôle PR.COM.2).

- La communication des autres principales parties prenantes, notamment :
  - la concurrence ;
  - le gouvernement ;
  - les organisations non gouvernementales ;
  - les dirigeants des communautés locales.
- Les informations et le bruit de fond.
- L'impact des médias.

Les facteurs suivants doivent être pris en considération lors de l'identification des risques découlant de l'impact potentiel de certaines informations ou données transmises à certaines parties prenantes ou retenues par celles-ci (contrôle PR.COM.3) :

- l'importance des informations ou des données fournies du point de vue des parties prenantes ;
- la portée des informations ou des données nécessaires afin que les parties prenantes s'engagent de la manière souhaitée ;
- l'importance de transmettre une information ou une donnée en particulier du point de vue du projet ;
- les conséquences de la rétention d'informations ou de données et de la transmission immédiate d'informations ;
- les conséquences de la dissimulation et de la communication d'informations ou de données ;
- les exigences et les conséquences réglementaires et contractuelles.

Les facteurs suivants doivent être pris en considération lors de l'identification des risques liés à l'approche et à la méthode sélectionnées pour gérer et maîtriser les communications (contrôle PR.COM.4) :

- la portée des informations ou des données nécessaires afin que les parties prenantes s'engagent de la manière souhaitée ;
- les différences et préférences culturelles pour utiliser certains styles et modes de communication ;
- les technologies de communication disponibles et les progrès technologiques attendus ;
- les avantages et les inconvénients de canaux, techniques et outils de communication en particulier ;
- les compétences en communication des principales parties prenantes du projet ;
- la disponibilité des informations ou des données lorsqu'elles sont nécessaires aux parties prenantes ;
- la possibilité d'un excès d'informations ou de données, en tenant compte des communications des autres projets parallèles.

X5.9 CONTRÔLES DE LA GESTION DES RISQUES POUR LA GESTION DES RISQUES DU PROJET

Le tableau X5-8 présente les contrôles de la gestion des risques pour la gestion des risques du projet.

Tableau X5-8. Contrôles de la gestion des risques pour la gestion des risques du projet.

Identifiant du contrôle	Objectif du contrôle
PR.RSK.1	Les risques liés au cycle de vie du projet sont pris en considération lors de la planification de la gestion des risques du projet.
PR.RSK.2	Les risques liés aux niveaux d'appétence et d'attitude face au risque des principales parties prenantes mais aussi à la capacité à les déterminer sont pris en considération lors de la planification de la gestion des risques du projet.
PR.RSK.3	Les risques liés à l'approche et à la méthode sélectionnées pour identifier, analyser et maîtriser les risques sont pris en considération lors de la planification de la gestion des risques du projet.
PR.RSK.4	Les retours d'expérience des projets précédents et actuels sont pris en considération lors de l'identification des risques du projet et de leurs réponses.
PR.RSK.5	Les rapports sur la performance d'exécution sont utilisés constamment pour identifier de nouveaux risques potentiels et réévaluer les risques identifiés précédemment.
PR.RSK.6	Les risques secondaires et résiduels sont identifiés, analysés et traités lors de la planification des réponses aux risques.
PR.RSK.7	Les réponses aux risques figurent dans tous les plans et toutes les références de base en matière de management de projet.
PR.RSK.8	Les informations sur la performance d'exécution obtenues des activités de maîtrise des risques sont régulièrement analysées afin d'évaluer l'efficacité de la gestion des risques, d'identifier de nouveaux risques potentiels et de réévaluer ou de détecter la concrétisation de précédents risques identifiés.
PR.RSK.9	Les données de sortie des activités de maîtrise des risques sont utilisées pour améliorer constamment l'approche et la méthode du projet utilisées pour la gestion des risques.
PR.RSK.10	Les informations et les données sur les risques en faveur d'une prise de décision efficace sont disponibles et adaptées à la complexité du projet.

Les facteurs suivants doivent être pris en considération lors de l'identification des risques liés au cycle de vie du projet (contrôle PR.RSK.1).

- Pour les cycles de vie prédictifs :
  - la prévisibilité du périmètre ;
  - la capacité de prévoir et de maîtriser les facteurs environnementaux de l'organisation ;
  - la capacité d'identifier et de gérer les risques dans les principaux domaines du projet ;
  - la volonté des parties prenantes à investir dans certains éléments du projet qui devraient être prévisibles ;
  - le recours aux lots de planification et à la planification par vagues.
- Pour les cycles de vie itératifs et incrémentaux :
  - la disponibilité des décideurs à prendre des décisions relatives aux risques régulièrement et en temps utile ;
  - la volonté des parties prenantes de fournir un financement pour les risques identifiés avec l'avancement du projet ;
  - la capacité de réagir en temps voulu aux résultats et aux retours d'expérience de précédentes itérations.
- Pour les cycles de vie adaptatifs, en plus des cycles de vie itératifs et incrémentaux :
  - la volonté des parties prenantes de faire face aux risques souvent imprévisibles ;
  - la volonté des parties prenantes d'agir sans analyse détaillée des risques à long terme.

Les facteurs suivants doivent être pris en considération lors de l'identification des risques liés à l'approche et à la méthode sélectionnées pour identifier, analyser et maîtriser les risques (contrôle PR.RSK.3) :

- la capacité d'identifier les risques dans tous les principaux domaines ;
- la capacité de se concentrer sur les bons risques ;
- l'exactitude des informations ou des données sur les risques sous l'angle de la capacité de planifier des réponses aux risques précises ;
- l'expertise nécessaire pour identifier, analyser et maîtriser les risques efficacement dans certains domaines ;
- la responsabilité de la gestion des risques dans les principaux domaines du projet ;
- la continuité et la régularité des processus d'identification, d'analyse et de maîtrise.

X5.10 CONTRÔLES DE LA GESTION DES RISQUES POUR LA GESTION DES APPROVISIONNEMENTS DU PROJET

Le tableau X5-9 présente les contrôles de la gestion des risques pour la gestion des approvisionnements du projet.

Tableau X5-9. Contrôles de la gestion des risques pour la gestion des approvisionnements du projet.

Identifiant du contrôle	Objectif du contrôle
PR.PRO.1	Les risques liés au cycle de vie du projet sont pris en considération lors de la planification de la gestion des approvisionnements du projet.
PR.PRO.2	Les risques découlant des facteurs environnementaux sont pris en considération lors de la planification de la gestion des approvisionnements du projet.
PR.PRO.3	Les décisions « make-or-buy » incluent l'identification et l'analyse des risques. Les risques découlant de ces décisions sont gérés conformément au plan de gestion des risques.
PR.PRO.4	Les risques liés aux critères de sélection des fournisseurs proposés sont pris en considération lors de la planification de la gestion des approvisionnements du projet.
PR.PRO.5	Les risques liés aux types de contrats proposés sont pris en considération lors de la planification de la gestion des approvisionnements du projet. Les risques découlant de ces accords finaux sont gérés conformément au plan de gestion des risques.
PR.PRO.6	Les risques liés à l'approche et à la méthode sélectionnées pour procéder aux approvisionnements sont pris en considération lors de la planification de la gestion des approvisionnements du projet.
PR.PRO.7	Les risques liés à l'approche et à la méthode sélectionnées pour contrôler les approvisionnements et la nature des stratégies de suivi potentiel proposées sont pris en considération lors de la planification de la gestion des approvisionnements du projet.
PR.PRO.8	Les informations sur la performance d'exécution obtenues des activités de contrôle des approvisionnements, notamment la performance des fournisseurs et la nature des réclamations, sont régulièrement analysées afin d'identifier de nouveaux risques potentiels et de détecter la concrétisation de précédents risques identifiés.

Les facteurs suivants doivent être pris en considération lors de l'identification des risques liés au cycle de vie du projet (contrôle PR.PRO.1).

- Pour les cycles de vie prédictifs :
  - la prévisibilité du périmètre ;
  - le recours aux lots de planification et à la planification par vagues ;
  - la capacité de prévoir et de maîtriser les facteurs environnementaux de l'organisation, notamment les conditions du marché, mais aussi la disponibilité des fournisseurs, des biens et des services, si nécessaire.

- Pour les cycles de vie itératifs, incrémentaux et adaptatifs :
  - la capacité d'acheter des biens et des services à long délai de livraison ;
  - la capacité d'acheter des biens et des services en disposant en amont des informations limitées sur le périmètre ;
  - la disponibilité des décideurs à prendre des décisions relatives aux approvisionnements régulièrement et en temps utile ;
  - la capacité d'évaluer et de faire appel à de nouveaux fournisseurs à la dernière minute ;
  - la capacité de procéder aux approvisionnements en temps voulu afin de ne pas ralentir l'exécution du projet ;
  - la flexibilité des contrats avec les fournisseurs ;
  - la capacité de réagir en temps voulu aux résultats et aux retours d'expérience de précédentes itérations.

Les facteurs suivants doivent être pris en considération lors de l'identification des risques découlant de facteurs environnementaux (contrôle PR.PRO.2).

- la disponibilité générale des biens et services nécessaires ;
- la disponibilité des vendeurs ;
- les cycles de disponibilité des biens et services historiques ;
- les autres initiatives susceptibles d'influencer la disponibilité des biens et des services ;
- les conditions du marché pour les principaux biens et services à acheter ;
- la concurrence sur les principaux biens et services ;
- les exigences réglementaires lors de l'achat de certains biens et services.

Les facteurs suivants doivent être pris en considération lors de l'identification des risques liés aux décisions « make-or-buy » et découlant de celles-ci (contrôle PR.PRO.3) :

- les besoins en compétences et propriété intellectuelle ;
- la disponibilité des aptitudes et des capacités ;
- le degré de contrôle sur la livraison ;
- l'impact sur les activités et les livrables d'autres projets ;
- les risques liés à des tiers particuliers pris en considération dans le processus.

Les facteurs suivants doivent être pris en considération lors de l'identification des risques liés aux critères de sélection des fournisseurs proposés (contrôle PR.PRO.4) :

- la capacité d'équilibrer les exigences en matière de coûts et de qualité ;
- la capacité de tenir compte de la volonté et de l'aptitude du fournisseur afin de renforcer la coopération ;
- la capacité de reconnaître les performances historiques du fournisseur ;
- la capacité de s'intégrer aux actions à l'échelle de l'équipe afin de soutenir les petites missions de l'équipe en temps quasi réel ;
- la capacité de reconnaître la culture du fournisseur ;
- la mesure dans laquelle les critères couvrent les aspects des risques prévus pour être transférés au fournisseur.

Les facteurs suivants doivent être pris en considération lors de l'identification des risques liés aux types de contrats (contrôle PR.PRO.5) :

- la volonté et la capacité du client et du fournisseur de gérer certains types de risque ;
- le niveau d'équilibre des risques entre les parties ;
- la pertinence du périmètre du contrat par rapport aux besoins du projet ;
- les risques secondaires liés au transfert de certains risques selon le contrat ;
- le risque résiduel du côté du client après avoir transféré une partie des risques selon le contrat ;
- la pertinence du contrat par rapport au cycle de vie du projet, en tenant compte notamment des responsabilités, de l'approche de gestion du périmètre et des métriques de performance.

Les facteurs suivants doivent être pris en considération lors de l'identification des risques liés à l'approche et à la méthode pour procéder aux approvisionnements (contrôle PR.PRO.6) :

- la capacité de créer des conditions équitables entre les fournisseurs ;
- la capacité de finaliser les approvisionnements dans les délais ;
- la capacité d'attirer les bons fournisseurs ;
- la souplesse pour gérer les opportunités et les menaces qui surviennent durant le processus ;
- l'opportunité d'avoir recours à l'expertise des fournisseurs afin de proposer une solution optimale ;
- la capacité de reconnaître la qualité réelle des biens ou services achetés ;
- la capacité de satisfaire les exigences réglementaires lors de l'achat de certains biens ou services.

Les facteurs suivants doivent être pris en considération lors de l'identification des risques liés à l'approche et à la méthode sélectionnées pour contrôler les approvisionnements et la nature des stratégies de suivi potentiel proposées (contrôle PR.PRO.7) :

- le caractère critique des biens ou des services du point de vue du projet ;
- le niveau d'expérience et de compétence du fournisseur ;
- la nature du contrôle avec un accent sur l'équilibre entre les actions de prévention, de détection et de correction ;
- la pertinence des métriques de performance par rapport au cycle de vie du projet choisi ;
- le niveau de confiance ;
- l'impact sur les relations.

X5.11 CONTRÔLES DE LA GESTION DES RISQUES POUR LA GESTION DES PARTIES PRENANTES DU PROJET

Le tableau X5-10 présente les contrôles de la gestion des risques pour la gestion des parties prenantes du projet.

Tableau X5-10. Contrôles de la gestion des risques pour la gestion des parties prenantes du projet.

Identifiant du contrôle	Objectif du contrôle
PR.STK.1	Les risques liés au cycle de vie du projet sont pris en considération lors de la planification de la gestion des parties prenantes du projet.
PR.STK.2	Les risques découlant des facteurs environnementaux sont pris en considération lors de la planification de la gestion des parties prenantes du projet.
PR.STK.3	Les risques liés à l'approche et à la méthode sélectionnées pour gérer et suivre l'engagement des parties prenantes sont pris en considération lors de la planification de la gestion des parties prenantes du projet.
PR.STK.4	Les informations obtenues des activités de gestion des parties prenantes du projet sont régulièrement analysées afin d'identifier de nouveaux risques potentiels et de détecter la concrétisation de précédents risques identifiés.

Les facteurs suivants doivent être pris en considération lors de l'identification des risques liés au cycle de vie du projet (contrôle PR.STK.1).

- Pour les cycles de vie prédictifs :
  - la capacité d'identifier et d'engager les principales parties prenantes de manière précoce ;
  - la capacité et la volonté des parties prenantes de prévoir leurs exigences ;

    - la volonté des parties prenantes d'investir du temps dans des efforts de planification ;
    - la capacité et la volonté des parties prenantes de gérer des erreurs potentielles durant l'étape de planification du projet ;
    - la compréhension et la volonté des parties prenantes de faire face à des risques potentiels susceptibles de nuire à la prévisibilité.
- Pour les cycles de vie itératifs et incrémentaux :
    - la volonté des parties prenantes d'accepter une définition incomplète du périmètre du produit ;
    - la disposition des parties prenantes à travailler avec des livrables définis de manière partielle ou incomplète ;
    - la capacité des parties prenantes de réagir en temps voulu aux résultats et aux retours d'expérience de précédentes itérations ou de précédents incréments.
- Pour les cycles de vie adaptatifs, en plus des cycles de vie itératifs et incrémentaux :
    - la capacité à faire face à l'ajout inattendu de nouvelles parties prenantes avec l'avancement du projet ;
    - la disposition des parties prenantes à travailler avec des livrables en grande partie non définis ;
    - la disposition des parties prenantes à agir sans budget ni échéancier prévisionnel à long terme lié à des livrables spécifiques.

Les facteurs suivants doivent être pris en considération lors de l'identification des risques découlant de facteurs environnementaux (contrôle PR.STK.2).

- l'impact réciproque potentiel des principales parties prenantes extérieures ;
    - les fournisseurs ;
    - la concurrence ;
    - le gouvernement ;
    - les organisations non gouvernementales ;
    - les dirigeants des communautés locales ;
    - les médias ;
- les structures organisationnelles ;
- la tolérance, la capacité et l'appétence au risque de l'organisation ;
- les tendances des conditions du marché ;
- les tendances du climat politique ;
- les tendances des exigences réglementaires.

Les facteurs suivants doivent être pris en considération lors de l'identification des risques liés à l'approche et à la méthode sélectionnés pour gérer et suivre l'engagement des parties prenantes (contrôle PR.STK.3) :

- la volonté des parties prenantes de s'engager de la manière souhaitée ;
- l'impact sur la capacité de livraison des parties prenantes ;
- la culture de la coopération ;
- l'impact sur les relations en général ;
- le niveau de confiance ;
- la maturité des personnes ;
- la maturité de l'équipe ;
- l'appétence et l'attitude face au risque des personnes ;
- les différences culturelles ;
- les avantages et les inconvénients de certaines méthodes d'engagement ;
- la disponibilité du personnel à gérer l'engagement des parties prenantes.

ANNEXE X6
TECHNIQUES INTÉGRÉES AU CADRE DE GESTION DES RISQUES

De nombreuses techniques sont couramment utilisées pour appuyer les processus de gestion des risques. Cette annexe présente des exemples, ainsi que certaines techniques des plus courantes et efficaces liées au cycle de vie de la gestion des risques. Ces informations n'ont pas pour but d'expliquer les techniques en détail, mais plutôt de répertorier leurs caractéristiques les plus importantes. Si vous souhaitez en savoir plus, nous vous recommandons de vous tourner vers d'autres sources d'informations.

Il existe trois grands types de techniques : les modèles et les listes, les techniques des processus et les techniques quantitatives. Les modèles et les listes sont conçus pour refléter les références et meilleures pratiques en interne et du secteur, ainsi que les retours d'expérience. Les techniques des processus facilitent le processus de gestion des risques. Elles peuvent aller des documents et des feuilles de calcul de base aux processus automatisés. Les techniques quantitatives favorisent l'aspect analytique qui consiste à prendre en considération les options et les conséquences de manière irrévocable.

Les sections suivantes décrivent certaines des techniques les plus courantes pour chaque étape du cadre de gestion des risques. Cette liste n'est pas exhaustive. D'ailleurs, certaines techniques peuvent servir à plusieurs étapes. La section X6.8 recense les techniques pour les étapes de la gestion des risques lorsque celles-ci sont utiles. Certaines techniques ne sont pas spécifiques à une seule étape.

X6.1 PLANIFICATION DE LA GESTION DES RISQUES

La planification de la gestion des risques définit l'approche à suivre pour gérer les risques tout au long du cycle de vie du portefeuille, du programme ou du projet correspondant. Il est recommandé d'effectuer des sessions de planification afin de favoriser une compréhension commune de l'approche du risque entre les parties prenantes et de s'entendre sur les techniques à utiliser pour gérer le risque. En général, la phase de planification de la gestion des risques est étayée par des modèles. Les résultats de la planification de la gestion des risques sont consignés dans le plan de gestion des risques. La figure X6-1 présente les principales priorités du processus Planifier la gestion des risques.

Personnes	Outils	Entreprises
Comportements	Boîte à outils	Contraintes
Rôles, responsabilité, autorité	Paramètres	Niveau de détail et d'effort
Communications	Définitions	

Figure X6-1. Principales priorités du processus Planifier la gestion des risques.

En fonction de l'ampleur et de la complexité du travail, les éléments suivants figurent en partie ou en totalité dans un plan de gestion des risques :

- introduction ;
- description du portefeuille, du programme ou du projet ;
- méthode de gestion des risques ;
- organisation de la gestion des risques ;
- rôles, responsabilité et autorité ;
- appétence au risque des parties prenantes ;
- critères de réussite ;
- techniques de gestion des risques et consignes d'utilisation ;
- seuils et définitions correspondantes ;
- modèles ;
- plan de gestion de la communication ;
- stratégie ;
- organigramme des risques.

Plusieurs outils logiciels sont disponibles pour vous aider à planifier la gestion des risques. Bien qu'elles ne soient pas traitées ici, les techniques décrites dans les sections suivantes sont en grande partie intégrées au logiciel de gestion des risques.

X6.2 IDENTIFICATION DES RISQUES

Les risques sont identifiés dans le but de dresser une liste complète de toutes les incertitudes connues susceptibles d'influencer le portefeuille, le programme ou le projet. Toutes les techniques d'identification des risques présentent des avantages et des inconvénients. Les meilleures pratiques recommandent d'utiliser plusieurs techniques afin de compenser les éventuelles lacunes de l'une d'entre elles et d'accroître les taux d'identification des risques. Selon l'hypothèse principale en matière d'identification des risques, les préjugés et certains comportements humains font obstacle à l'identification de risques inconnus, en identifiant, en mettant en avant ou en accordant la priorité aux mauvais risques. Certaines techniques d'identification des risques permettent de déceler mieux les menaces que les opportunités ou inversement. Il est important d'équilibrer les techniques utilisées afin de cibler aussi bien les menaces que les opportunités.

Quelle que soit la technique utilisée, les risques identifiés doivent être décrits clairement afin que le processus soit centré sur les risques réels et éviter ainsi qu'il soit détourné ou dilué par des événements qui ne sont pas des risques. Pour plus de clarté, il est possible d'utiliser des descriptions des risques structurées. Le métalangage représente un bon moyen de distinguer un risque de ses causes et effets en décrivant chaque risque à l'aide d'un énoncé en trois parties, comme suit : « Une *cause* produit un risque qui entraîne un *effet.* » La relation entre la cause, le risque et l'effet est illustrée à la figure X6-2.

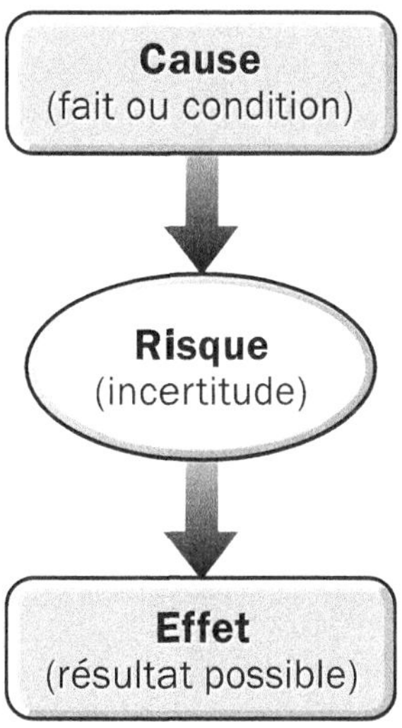

Figure X6-2. Relation entre cause, risque et effet.

Les risques peuvent être identifiés à l'aide de checklists et de modèles, d'évaluations individuelles, d'évaluations des risques du groupe ou d'une identification des risques externes, notamment. Les évaluations individuelles sont réalisées par une seule personne, à savoir un expert, une partie prenante ou un autre participant. Les évaluations des risques individuels peuvent être combinées afin de créer le registre des risques globaux. Des évaluations des risques extérieurs peuvent être produites par la fonction de gestion des risques d'entreprise au sein de l'organisation ou fournies par une source externe, comme un client ou un fournisseur.

Les sections X6.2.1 à X6.2.14 décrivent certaines techniques courantes d'identification des risques. Reportez-vous à la section X6.8 pour connaître les autres étapes du cadre de gestion des risques pour lesquelles la technique peut également s'avérer utile.

X6.2.1 ANALYSE DES HYPOTHÈSES ET DES CONTRAINTES

Des hypothèses sont utilisées pour déterminer l'impact du risque. Ce sont des affirmations acceptées comme vraies, mais qui doivent être validées et constamment révisées durant le processus d'itération et le travail de gestion des risques associé aux cycles de vie du portefeuille, du programme et du projet. Cette technique comprend trois étapes : répertorier, tester la validité et identifier les impacts sur le projet, le programme ou le portefeuille. Un exemple est illustré à la figure X6-3.

Hypothèse ou contrainte	Cette hypothèse/contrainte pourrait-elle se révéler fausse ? (O/N)	Si oui, pourrait-elle avoir une incidence sur le projet ? (O/N)	Convertir en risque ?

Figure X6-3. Exemple d'une analyse des contraintes avec des champs pour la description et les résultats de l'analyse.

Une autre façon d'aborder l'analyse des hypothèses et des contraintes consiste à utiliser la séquence logique suivante :

- Répertorier l'hypothèse ou la contrainte.
- Tester l'hypothèse ou la contrainte en posant deux questions :
  - L'hypothèse/la contrainte est-elle fausse ?
  - Si oui, un ou plusieurs objectifs peuvent-ils être affectés (de manière positive ou négative) ?
- Si vous répondez oui aux deux questions, un risque est généré sous la forme suivante, par exemple : *<l'hypothèse/la contrainte>* peut se révéler fausse et produire un *<effet sur le ou les objectifs>*.

X6.2.2 BRAINSTORMING

Le brainstorming (parfois appelé *remue-méninges* en français) est une technique qui stimule la production d'idées spontanées de la part d'une personne ou d'un groupe. Lorsque le brainstorming est utilisé comme technique d'identification des risques du groupe, les idées et les pensées d'une personne permettent de stimuler les idées des autres participants.

X6.2.3 DIAGRAMMES CAUSE-EFFET (ISHIKAWA)

Le diagramme cause-effet ou diagramme en arête de poisson (voir la figure X6-4) sert à présenter visuellement les causes fondamentales du risque afin de mieux comprendre la source et la probabilité des problèmes potentiels. Le contenu est organisé sous forme d'arbre où les causes peuvent avoir plusieurs sources potentielles. Ainsi, cette présentation du risque stimule d'autres réflexions. Le diagramme cause-effet est également utilisé pour identifier les problèmes liés à la qualité.

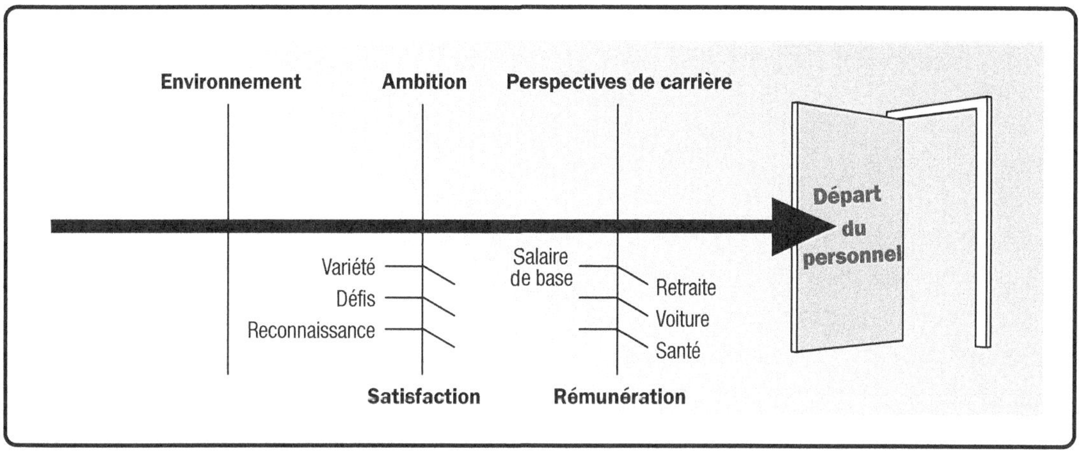

Figure X6-4. Exemple d'un diagramme cause-effet ou diagramme d'Ishikawa.

X6.2.4 CHECKLISTS

Les checklists (parfois appelé *listes de vérification* en français) d'identification des risques peuvent être élaborées sur la base des données historiques mais aussi des connaissances accumulées au cours de précédents portefeuilles, programmes ou projets similaires et à partir d'autres sources d'information. Le niveau le plus bas d'un organigramme des risques peut également être utilisé comme une checklist d'identification des risques. Un exemple est illustré à la figure X6-5.

CATÉGORIE DE RISQUES	SOUS-CATÉGORIE	EXEMPLE DE RISQUE	Ce risque a-t-il une incidence sur notre projet ? **Oui/Non/ Je ne sais pas/Non applicable**
1. RISQUE TECHNIQUE	1.1 Définition du périmètre	Le périmètre peut changer durant le projet.	
		Découverte d'un périmètre inutile.	
		Etc.	
	1.2 Interfaces techniques	Etc.	

Figure X6-5. Exemple (partiel) d'une checklist avec structure type de catégorie, de sous-catégorie, de risques spécifiques et d'effet.

Bien qu'il soit facile et rapide de créer une checklist, celle-ci ne sera jamais exhaustive. Il convient de prendre soin d'examiner les éléments qui ne figurent pas sur ladite checklist. Celle-ci doit être révisée lors de la phase de clôture afin de l'améliorer pour une utilisation future.

X6.2.5 MÉTHODE DE DELPHES

La méthode de Delphes consiste à organiser un sondage anonyme auprès d'experts afin d'identifier les risques dans leur domaine d'expertise. L'animateur de ce sondage réunit les premières réponses des experts et les transmet à l'ensemble du groupe sans donner de source. Les membres du groupe peuvent ensuite revoir leurs contributions en s'inspirant de celles des autres. Le processus aboutit souvent à un consensus des experts après quelques itérations.

X6.2.6 REVUE DOCUMENTAIRE

Il est possible de réaliser une revue structurée des documents, notamment des plans, des hypothèses, des fichiers de précédents portefeuilles, programmes ou projets et d'autres informations. La qualité des plans, ainsi que la cohérence entre ces plans et les hypothèses, peuvent être des indicateurs de risque.

X6.2.7 JUGEMENT D'EXPERT

Le jugement d'expert est la contribution fournie à l'identification des risques sur la base d'une expertise dans un domaine, un secteur d'activité et des processus organisationnels, entre autres.

X6.2.8 FACILITATION

La facilitation désigne la capacité à diriger un événement de groupe vers une décision, une solution ou une conclusion efficace. Un animateur veille à la bonne participation et à ce que toutes les contributions soient prises en compte.

X6.2.9 DONNÉES HISTORIQUES

Les documents et les données historiques de précédents projets, programmes et portefeuilles aident à identifier les risques courants et à éviter de répéter les mêmes erreurs.

X6.2.10 ENTRETIENS

Les entretiens avec des participants à des projets, programmes ou portefeuilles, des parties prenantes et des experts chevronnés permettent d'identifier les risques. Ils sont l'une des principales sources de collecte de données pour l'identification des risques.

X6.2.11 LISTES RAPIDES

Les listes rapides répertorient les catégories de risques dans le but de détecter le risque le plus important pour le projet, le programme ou le portefeuille. Ces listes peuvent être utiles comme cadres pour le brainstorming et les entretiens. Les catégories de risques incluent :

- les risques techniques ;
- les risques organisationnels ;
- les risques externes.

Il existe différents types de listes rapides. La figure X6-6 illustre des exemples de risques parmi les plus connus.

PESTJE	TECOP	SPECTRIM
Politique	**T**echnique	**S**ocio-culturel
Économique	**E**nvironnemental	**P**olitique
Social	**C**ommercial	**É**conomique
Technologique	**O**pérationnel	**C**ompétitif
Juridique	**P**olitique	**T**echnologie
Environnemental		**R**églementaire/juridique
		Incertitude/risque
		Marché

Figure X6-6. Trois exemples bien connus de listes rapides utiles à l'identification des risques.

X6.2.12 QUESTIONNAIRE

La technique du questionnaire incite à une plus grande réflexion pour identifier les risques. Néanmoins, elle requiert de poser de bonnes questions pour être efficace.

X6.2.13 ANALYSE DES CAUSES FONDAMENTALES

L'analyse des causes fondamentales contribue à identifier d'autres risques dépendants. Les risques identifiés peuvent être liés en raison de leurs causes fondamentales communes. L'analyse des causes fondamentales constitue la base de l'élaboration de réponses préventives et globales. Elle sert à limiter la complexité apparente. La figure X6-7 illustre une façon de représenter les causes fondamentales.

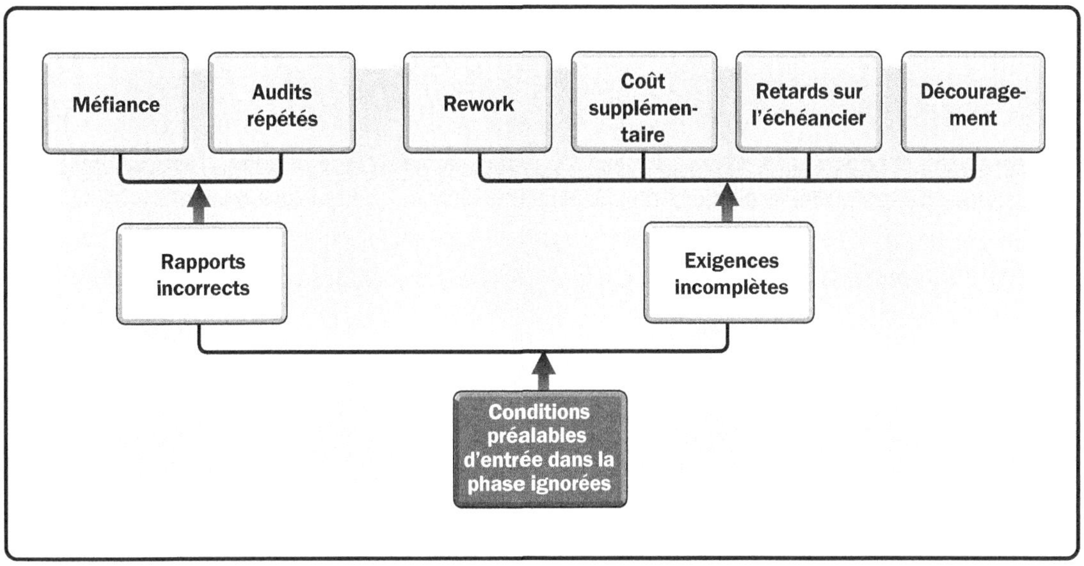

Figure X6-7. Exemple d'une analyse des causes fondamentales.

X6.2.14 ANALYSE SWOT

L'analyse SWOT (Forces, Faiblesses, Opportunités, Menaces) est une technique qui consiste à examiner l'initiative sous tous les angles (forces, faiblesses, opportunités et menaces) afin d'élargir l'éventail des risques considérés. Elle porte une attention égale aux menaces et aux opportunités. Cette technique porte sur les facteurs internes (forces et faiblesses de l'organisation) et externes (opportunités et menaces). La figure X6-8 présente une technique pour structurer les résultats d'une analyse SWOT.

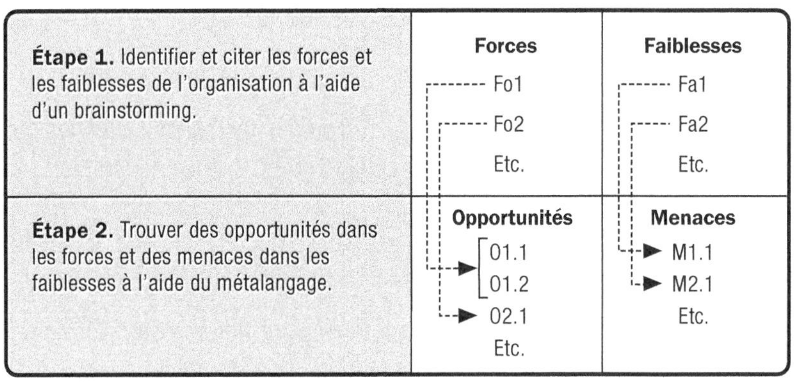

Figure X6-8. Exemple d'une structure d'analyse SWOT.

X6.3 ANALYSE QUALITATIVE DES RISQUES

L'analyse qualitative des risques établit la liste non différenciée des risques qui ont été identifiés durant le processus correspondant pour une évaluation ou une gestion plus approfondie. Les organisations ont tendance à consacrer les ressources aux risques jugés *élevés* en fonction de leur priorité, souvent indiquée par les caractéristiques de probabilité et d'impact des risques. Les techniques d'analyse qualitative des risques reposent généralement sur la probabilité et l'impact. Néanmoins, elles peuvent inclure d'autres variables de hiérarchisation. Il est recommandé d'avoir une technique de hiérarchisation bien définie afin de préserver une certaine cohérence parmi les évaluateurs. Un exemple de définition de notation est illustré à la figure X6-9.

ÉCHELLE	PROBABILITÉ	± IMPACT SUR LES OBJECTIFS DU PROJET		
		DURÉE	COÛT	QUALITÉ
Très élevé	61 à 99 %	Plus de 40 jours	Plus de 200 000 USD	Impact très important sur la fonctionnalité globale
Élevé	41 à 60 %	21 à 40 jours	101 000 à 200 000 USD	Impact important sur la fonctionnalité globale
Modéré	21 à 40 %	11 à 20 jours	51 000 à 100 000 USD	Impact sur les principaux domaines fonctionnels
Faible	11 à 20 %	6 à 10 jours	11 000 à 50 000 USD	Impact mineur sur la fonctionnalité globale
Très faible	1 à 10 %	1 à 5 jours	1 000 à 10 000 USD	Impact mineur sur les fonctions secondaires
Nul	Moins de 1 %	Pas de changement	Pas de changement	Pas de changement au niveau de la fonctionnalité

Figure X6-9. Exemple de définitions des niveaux de probabilité et d'impact sur trois objectifs spécifiques utilisées pour évaluer les risques individuels.

Les sections X6.3.1 à X6.3.7 décrivent certaines techniques courantes d'analyse qualitative des risques.

X6.3.1 DIAGRAMMES D'AFFINITÉ

Un diagramme d'affinité est utilisé pour organiser des idées ou des facteurs spécifiques qui contribuent à un risque. Il permet de trier les risques par catégories de similarités ou de risques génériques.

X6.3.2 PROCESSUS DE HIÉRARCHIE ANALYTIQUE

Le processus de hiérarchie analytique est une technique fondée sur une matrice utilisée pour étayer un processus de prise de décision multicritères. Il peut également servir à identifier les risques. Bien qu'il existe un classement objectif où la subjectivité est minimisée, le regroupement est arbitraire. Un exemple est illustré à la figure X6-10.

Facteurs de préférence	
1	Préférence égale
2	Légère préférence
3	Préférence modérée
4	Grande préférence
5	Préférence systématique

Matrice des entrées (facteurs de préférence)				
	Coût	Temps	Périmètre	Qualité
Coût	1,00	0,25	0,33	0,20
Temps	4,00	1,00	1,00	0,25
Périmètre	3,00	1,00	1,00	0,25
Qualité	5,00	4,00	4,00	1,00

Remarque : les facteurs de préférence sont saisis dans les zones gris foncé. La diagonale principale est 1,0 par définition. Les autres cellules sont calculées en divisant 1 par le facteur de préférence pour les mêmes objectifs.

Facteurs calculés (facteur de préférence/total colonne)					Facteurs de pondération
	Coût	Temps	Périmètre	Qualité	Moyenne de la ligne
Coût	0,08	0,04	0,05	0,12	0,1
Temps	0,31	0,16	0,16	0,15	0,2
Périmètre	0,23	0,16	0,16	0,15	0,2
Qualité	0,38	0,64	0,63	0,59	0,6
Total	13,00	6,25	6,33	1,70	1,0

Figure X6-10. Exemple de calculs du processus de hiérarchie analytique pour déterminer la pondération relative de quatre objectifs liés à un projet.

X6.3.3 DIAGRAMMES D'INFLUENCE

Un diagramme d'influence est une représentation schématique d'une situation qui présente les entités, points de décisions, incertitudes et résultats principaux en montrant les relations (influences) entre eux. Lorsqu'il est combiné à l'analyse de sensibilité ou à la simulation de Monte-Carlo, le diagramme d'influence identifie les risques afin de révéler leurs sources.

X6.3.4 TECHNIQUE DU GROUPE NOMINAL

La technique du groupe nominal est une adaptation du brainstorming où les participants partagent et discutent de tous les points à traiter avant l'évaluation, et y contribuent équitablement.

X6.3.5 MATRICE DE PROBABILITÉ ET D'IMPACT

La matrice de probabilité et d'impact permet à l'utilisateur de hiérarchiser les risques à des fins d'analyses ou de réponses ultérieures. Elle aide à distinguer les risques qui auront un impact mineur sur les activités de l'entreprise et ceux qui auront, au contraire, un impact majeur. En général, elle classe les risques selon leur probabilité d'impact, comme très élevé, élevé, modéré, faible et très faible. Un exemple de matrice de probabilité et d'impact est illustré à la figure X6-11.

Classement du risque selon sa probabilité et son impact											
Probabilité	**Menaces**					**Opportunités**					**Probabilité**
TH	F	M	M	H	H	H	H	M	M	F	TH
H	F	F	M	H	H	H	H	M	F	F	H
M	F	F	M	H	H	H	H	M	F	F	M
F	F	F	F	M	H	H	M	F	F	F	F
TF	F	F	F	F	M	M	F	F	F	F	TF
	TF	F	M	H	TH	TH	H	M	F	TF	
	Impact (menaces)					**Impact (opportunités)**					

Figure X6-11. Exemple de matrice de probabilité et d'impact utilisée pour trier les risques en très élevé (TH), élevé (H), modéré (M), faible (F) et très faible (TF).

X6.3.6 ANALYSE DE LA QUALITÉ DES DONNÉES RELATIVES AUX RISQUES

La qualité des résultats de l'analyse des risques dépend des données collectées. Un examen de la fiabilité et de la suffisance des données est nécessaire pour s'assurer que l'analyse repose sur des informations de haute qualité. Les données jugées de moindre qualité doivent faire l'objet de recherches supplémentaires ou être exclues de l'analyse des risques. Faites attention lorsque vous excluez des données de mauvaise qualité. L'analyse qualitative des risques ne doit pas en pâtir.

X6.3.7 ÉVALUATION D'AUTRES PARAMÈTRES LIÉS AUX RISQUES

D'autres caractéristiques du risque, outre la probabilité et l'impact, peuvent être prises en considération lors de la hiérarchisation des risques à des fins d'analyse et d'actions ultérieures. Ces caractéristiques comprennent, entre autres les éléments suivants :

- **Urgence.** Délai dans lequel une réponse à un risque doit être exécutée pour être efficace. Un délai court indique une grande urgence.
- **Proximité dans le temps.** Délai avant qu'un risque ne puisse avoir un impact sur un ou plusieurs des objectifs. Un délai court indique une grande proximité.
- **Détectabilité.** Facilité avec laquelle les résultats d'un risque qui se réalise, ou qui est sur le point de se réaliser, peuvent être détectés et reconnus. Lorsque l'occurrence du risque peut être détectée facilement, la détectabilité est grande.
- **Inactivité.** Délai qui peut s'écouler après l'apparition d'un risque et avant que son impact ne soit découvert. Un délai court indique une faible inactivité.
- **Souplesse.** Facilité avec laquelle un chargé de risque (ou l'organisation chargée du risque) peut gérer l'occurrence ou l'impact d'un risque. Lorsque la gestion est facile, la souplesse est grande.
- **Contrôlabilité.** Niveau auquel un chargé de risque (ou l'organisation chargée du risque) est capable de contrôler la conséquence du risque. Lorsque la conséquence peut être facilement contrôlée, la contrôlabilité est grande.
- **Connectivité.** Mesure dans laquelle un risque est lié à d'autres risques individuels. Lorsqu'un risque est connecté à de nombreux autres risques, la connectivité est grande.
- **Impact stratégique.** La possibilité qu'un risque ait un effet positif ou négatif sur les objectifs stratégiques de l'organisation. Lorsqu'un risque a un effet majeur sur les objectifs stratégiques, l'impact stratégique est grand.
- **Impact des parties prenantes.** Degré à partir duquel un risque est perçu important par une ou plusieurs parties prenantes. Lorsqu'un risque est perçu comme très important, l'impact des parties prenantes est grand.

X6.3.8 DYNAMIQUES DU SYSTÈME

Les dynamiques du système sont une application particulière des diagrammes d'influence. Elles peuvent servir à mieux identifier les risques dans une situation donnée. Le modèle des dynamiques du système représente des entités et des flux d'informations. Une analyse du modèle peut révéler des boucles de rétroaction et d'anticipation qui favorisent l'incertitude ou l'instabilité. De plus, les résultats d'une analyse des dynamiques du système montrent l'impact des événements à risque sur les résultats globaux. Les analyses des changements du modèle ou des hypothèses révèlent la sensibilité du système à des événements spécifiques, dont certains peuvent être des risques.

Les dynamiques du système dévoilent les interactions inattendues entre les éléments (boucles de rétroaction et d'anticipation). Elles peuvent développer des perspectives contre-intuitives impossibles à obtenir avec d'autres techniques. Le résultat se traduit par un aperçu de l'impact global de tous les risques inclus.

X6.4 ANALYSE QUANTITATIVE DES RISQUES

L'analyse quantitative des risques permet de déterminer le risque global pour les objectifs lorsque tous les risques surviennent simultanément. Utilisées de façon appropriée, les techniques pour l'analyse quantitative des risques présentent les caractéristiques suivantes : représentation globale des risques, calcul de l'impact des risques globaux, modèles de probabilité, capacités de collecte des données, présentation efficace des résultats de l'analyse quantitative et capacités d'itération. Ces techniques représentent les opportunités et les menaces pour les objectifs.

Les sections X6.4.1 à X6.4.7 décrivent certaines techniques courantes d'analyse quantitative des risques.

X6.4.1 ESTIMATION DE LA RÉSERVE POUR ALÉA

Tous les plans de réponse conditionnelle, ainsi que tout risque résiduel, s'il se produit, ont une influence sur les objectifs. Un montant (délais et coûts) doit être mis de côté afin de parer à ces éventualités. Ce montant se décompose comme suit : 1) des montants destinés à couvrir des réponses conditionnelles approuvées et spécifiques (par exemple, des plans de contingence) et 2) des montants pour gérer les risques acceptés passivement ou indéterminés. Les techniques quantitatives peuvent servir à déterminer les montants à mettre de côté. Ces réserves sont gérées dans le cadre du processus Maîtriser les risques.

X6.4.2 ANALYSE PAR ARBRE DE DÉCISION

L'analyse par arbre de décision sert à déterminer les probabilités d'occurrence partielles et globales. Il s'agit d'un modèle en forme d'arbre qui calcule la valeur monétaire attendue (voir la section X6.4.4) des différentes possibilités par probabilité d'occurrence. La figure X6-12 illustre un exemple simple d'arbre de décision.

Définition de la décision	Nœud de la décision	Nœud de chance	Valeur du chemin net
Décision à prendre	**Donnée d'entrée:** Coût de chaque décision **Donnée de sortie:** Décision prise	**Donnée d'entrée:** Probabilité de scénario, récompense le cas échéant **Donnée de sortie:** Valeur monétaire Attendue (EMV)	**Calcul:** Bénéfices moins Coûts sur le Chemin

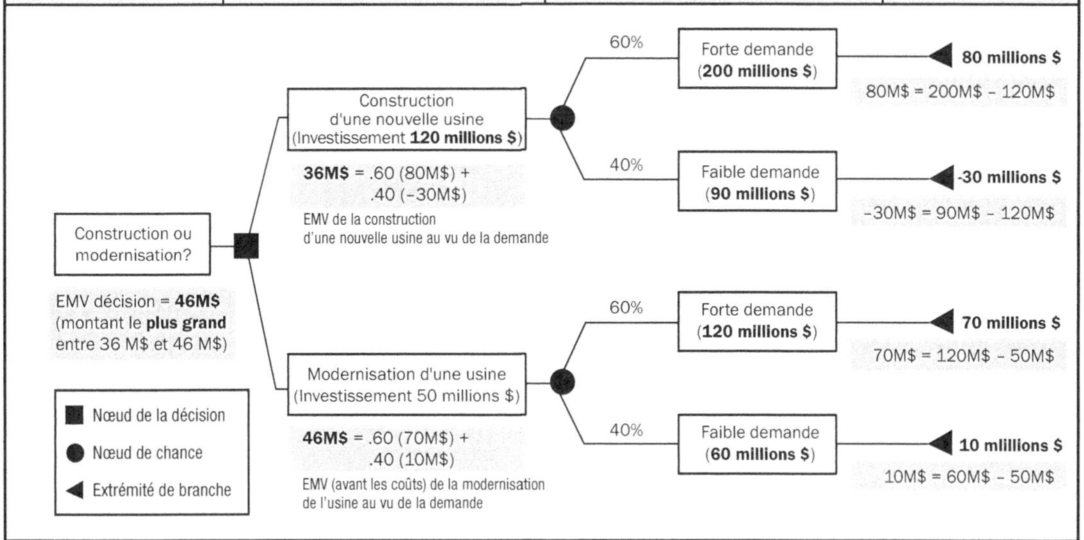

Remarque 1: Les valeurs monétaires indiquées sont en dollars américains.
Remarque 2: L'arbre de décision montre comment prendre une décision entre les différentes stratégies de capital (représentées comme des « nœuds de décision ») lorsque l'environnement comprend des éléments incertains (représentés comme des « nœuds de chance »).
Remarque 3: Ici, il s'agit de décider d'investir 120 millions de dollars pour construire une nouvelle usine ou d'investir 50 millions de dollars pour moderniser l'usine existante. Pour chaque décision, la demande (qui est incertaine et représente donc un « nœud de chance ») doit être prise en compte. Par exemple, une forte demande génère 200 millions de dollars de recettes avec la nouvelle usine mais seulement 120 millions de dollars pour l'usine modernisée, sans doute en raison des limites de capacité de l'usine modernisée. L'extrémité de chaque branche montre l'effet net des bénéfices moins les coûts. Pour chaque branche de décision, tous les effets sont ajoutés (voir zones grisées) afin de déterminer la valeur monétaire attendue (expected monetary value, EMV) de la décision. Il ne faut pas oublier de tenir compte des coûts d'investissement. Selon les calculs dans les zones grisées, l'usine modernisée a une EMV supérieure de 46 millions de dollars, comme l'EMV de la décision globale. (Ce choix représente aussi le risque le plus faible, évitant le pire résultat possible d'une perte de 30 millions de dollars).

Figure X6-12. Exemple d'arbre de prise de décision. (Source : Guide PMBOK® [4].)

X6.4.3 TECHNIQUES D'ESTIMATION APPLIQUÉES À LA PROBABILITÉ ET À L'IMPACT

Il existe différentes façons d'indiquer la probabilité d'occurrence d'un risque. Une méthode courante consiste à attribuer des niveaux de probabilité du risque par intervalles de probabilité. Grâce à cette approche, les experts en la matière n'ont qu'à évaluer la probabilité d'un risque dans un intervalle et non comme une valeur spécifique.

Les exemples de définitions du niveau de l'impact sont spécifiques au travail. Les valeurs utilisées pour indiquer le niveau d'impact de très faible à très élevé (si vous utilisez une matrice 5 × 5) doivent être :

- désignées comme un impact plus élevé pour les menaces ou les opportunités à mesure qu'elles passent de très faible à très élevé pour un objectif donné ;
- définies par l'organisation comme engendrant la même perte ou le même gain pour chaque niveau des objectifs ;
- adaptées par les parties prenantes au travail donné. Les définitions, lorsqu'elles sont adaptées, peuvent être utilisées pour les opportunités et les menaces.

Si l'impact d'un risque est incertain et peut être attribué à plusieurs niveaux d'impact (par exemple, de modéré à élevé), l'analyste peut choisir d'attribuer le risque au niveau d'impact qui représente l'impact attendu ou moyen. Autrement, le risque peut être signalé à des fins d'analyse complémentaire pour réduire la marge d'incertitude et entrer dans un seul intervalle.

X6.4.4 VALEUR MONÉTAIRE ATTENDUE

La valeur monétaire attendue est une technique statistique utilisée pour quantifier les risques qui, à leur tour, aident le responsable à calculer la réserve pour aléa. La valeur monétaire attendue est le calcul d'une valeur, comme le coût ou le bénéfice moyen pondéré ou attendu, lorsque les résultats sont incertains. Tous les autres résultats raisonnables sont identifiés. Leurs probabilités d'occurrence (dont le total est égal à 100 %) et leurs valeurs font l'objet d'une estimation. La valeur monétaire attendue est calculée pour l'événement dans son intégralité en pondérant les résultats individuels possibles par leur probabilité d'occurrence. Le calcul est le suivant :

Valeur monétaire attendue (VMA) = Probabilité × Impact

X6.4.5 AMDE/ARBRE DE DÉFAILLANCE

L'analyse des modes de défaillance et de leurs effets (AMDE), ou arbre de défaillance, utilise un modèle structuré pour identifier les divers éléments susceptibles de causer une défaillance du système par eux-mêmes, ou en combinaison avec d'autres éléments, en fonction de la logique du système. L'arbre de défaillance est souvent utilisé dans les secteurs de l'ingénierie. Il peut être adapté à une utilisation dans l'identification des risques en analysant la manifestation possible des impacts des risques ou la probabilité de défaillance (ou de fiabilité, temps moyen entre défaillances, etc.) de l'ensemble du système, ce qui indique le niveau de qualité du système ou du produit. Si le niveau de fiabilité n'est pas acceptable, l'arbre de défaillance peut indiquer où le système peut être rendu plus fiable. Par conséquent, il est utile lors de la phase de conception et d'étude d'un programme ou d'un projet.

L'analyse des modes de défaillance et de leurs effets évalue et analyse la fiabilité potentielle d'un système ou de produits. Elle est utilisée avec l'analyse des modes de défaillance, de leurs effets et de leur criticité dans le cadre du programme général afin d'évaluer la fiabilité d'un système et des modes de défaillance potentiels.

À l'aide de données historiques, l'analyse des produits/services similaires, des données relatives aux garanties, des données relatives aux plaintes des clients, ainsi que de toute autre information disponible permet d'utiliser des statistiques déductives, des modélisations mathématiques, des simulations, l'ingénierie simultanée et l'ingénierie de fiabilité afin d'identifier et de définir les défaillances possibles.

L'analyse des modes de défaillance, de leurs effets et de leur criticité (AMDEC) est l'extension logique de l'AMDE. Elle évalue la criticité et la probabilité d'occurrence des modes de défaillance.

X6.4.6 SIMULATION DE MONTE-CARLO

La simulation de Monte-Carlo est une technique qui consiste à simuler la distribution des probabilités d'un risque par rapport à un objectif. Cette technique statistique teste des événements afin de déterminer le comportement moyen d'un système.

La simulation de Monte-Carlo est une technique d'analyse statistique qui peut être appliquée dans des situations comportant des estimations incertaines, dans le but de réduire le niveau d'incertitude par une série de simulations. En ce sens, elle peut être appliquée dans l'analyse des risques associés à un objectif donné. Pour chacune des variables, les simulations de Monte-Carlo ne fournissent pas une estimation, mais un éventail d'estimations possibles associées à chaque estimation, ainsi que le niveau de probabilité selon lequel cette estimation est exacte (niveau de confiance), comme illustré à la figure X6-13.

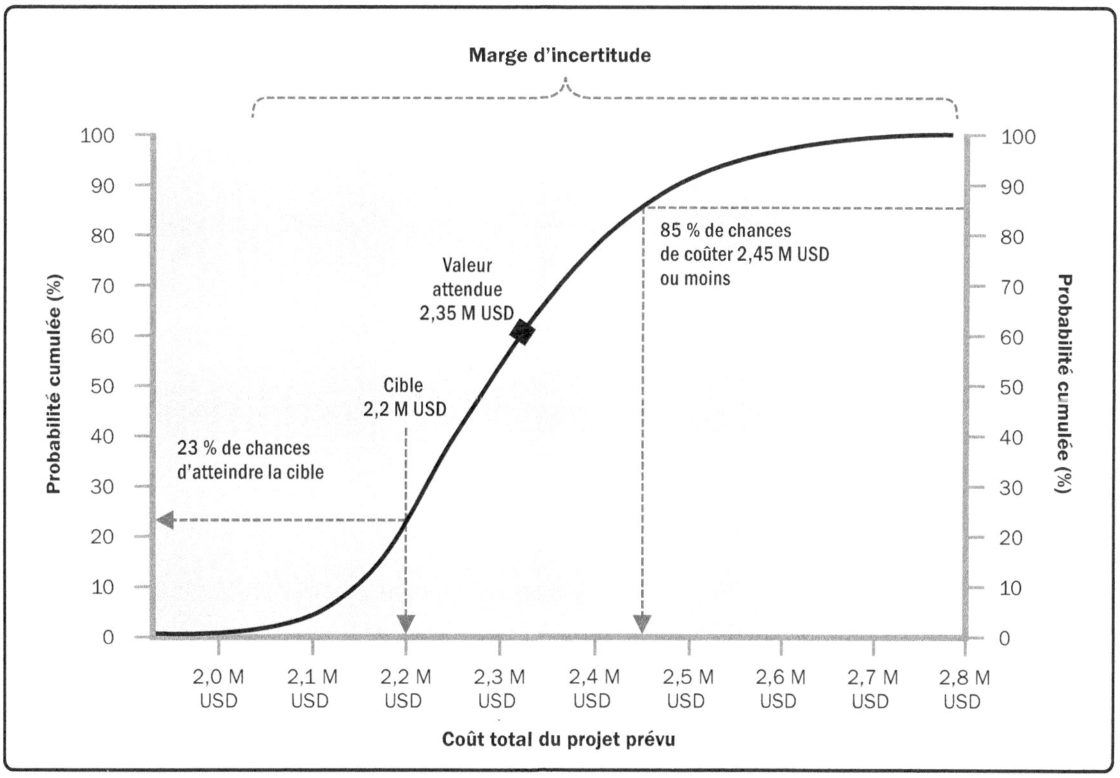

Figure X6-13. Exemple d'histogramme d'une simulation de Monte-Carlo de l'échéancier d'un projet.

(Remarque : toutes les valeurs monétaires sont exprimées en dollars américains.)

X6.4.7 PERT (TECHNIQUE D'ÉVALUATION ET D'EXAMEN DE PROGRAMMES OU DE PROJETS)

Cette technique basée sur le temps peut être utilisée pour quantifier les risques à un moment donné lors du développement d'un projet ou d'un programme.

X6.5 PLANIFICATION DES RÉPONSES AUX RISQUES

Le processus Planifier les réponses aux risques élabore l'ensemble des mesures nécessaires pour prendre en considération les risques et leurs caractéristiques, puis les intègre dans les plans et budgets correspondants. Le plan qui en résulte doit correspondre aux appétences au risque et aux comportements des principales parties prenantes face au risque. Il existe trois catégories de techniques :

- les techniques de créativité pour identifier les réponses potentielles ;
- les techniques d'aide à la décision pour déterminer la réponse potentielle optimale ;
- les techniques de mise en œuvre conçues pour mettre en application une réponse aux risques.

Ces catégories de techniques peuvent être utilisées pour identifier des réponses potentielles, choisir la réponse la plus appropriée afin de traduire la stratégie en planification et attribuer les mesures correspondantes.

L'identification des réponses potentielles à l'aide de diverses techniques de créativité est assez similaire à l'identification des risques (voir la section X6.2). Les techniques d'aide à la décision contribuent à étudier les avantages et les inconvénients des stratégies de réponse aux risques. Ces techniques aident également à choisir entre des réponses de prévention et conditionnelles fondées sur des facteurs déclencheurs.

Les sections X6.5.1 à X6.5.5 décrivent quelques techniques d'aide à la décision qu'il est possible d'utiliser dans le cadre du processus Planifier les réponses aux risques.

X6.5.1 PLANIFICATION DE LA CONTINGENCE

Pour certains risques (en général, à impact élevé), le chargé de risque peut choisir de constituer une équipe afin d'élaborer une réponse comme si le risque s'était véritablement produit. Le plan correspondant, avec informations à l'appui, est ensuite documenté et approuvé par la direction ou le sponsor. Cette approbation inclut l'autorisation de déployer les ressources nécessaires si les conditions de déclenchement prédéfinies se vérifient.

X6.5.2 ANALYSE DES CHAMPS DE FORCE

L'analyse des champs de force est généralement utilisée dans le contexte de gestion des changements. Elle peut être adaptée pour la planification des réponses aux risques en identifiant les forces motrices (forces pour le changement) et les forces restrictives (forces contre le changement) qui ont une influence sur la réalisation d'un objectif. Les réponses aux risques peuvent ensuite être modélisées en fonction du résultat net des forces, comme illustré à la figure X6.14.

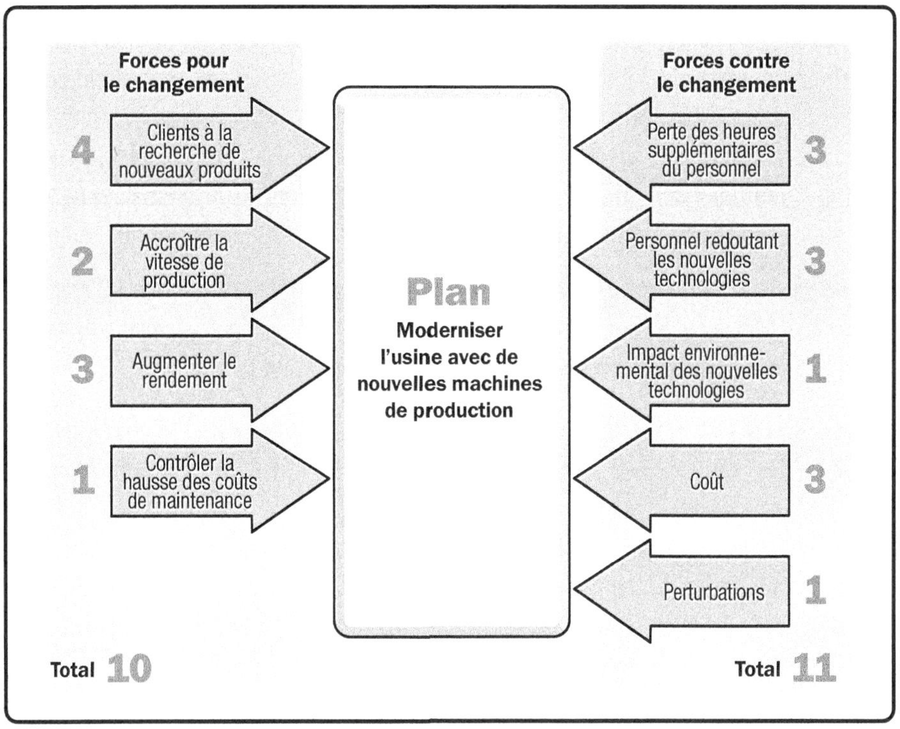

Figure X6-14. Exemple d'analyse des champs de force et équilibre des forces pour et contre le changement.

X6.5.3 TECHNIQUE DE SÉLECTION MULTICRITÈRES

Les critères utilisés pour décider de choisir une réponse aux risques spécifique parmi plusieurs options incluent le coût, l'échéancier, les exigences techniques, ainsi que les attributs du risque, comme le type de risque, la probabilité et l'impact. La sélection multicritères peut être pondérée afin de refléter l'importance de certains critères, comme illustré à la figure X6-15.

Critère	Poids	Option A		Option B	
		Évaluation	Points	Évaluation	Points
Prix	9	8	72	10	90
Fonctionnalité	9	5	45	8	72
Facilité d'utilisation	6	9	54	7	42
Délai	7	9	63	6	42
Total			**234**		**246**

Figure X6-15. Exemple d'analyse et de pondération multicritères.

X6.5.4 ANALYSE DE SCÉNARIOS

L'analyse de scénarios pour la planification des réponses aux risques passe par la définition de plusieurs scénarios alternatifs plausibles. Chaque scénario nécessite différentes réponses aux risques dont le coût et l'efficacité peuvent être décrits et évalués. Si l'organisation peut choisir entre plusieurs scénarios, les alternatives, notamment les réponses, peuvent faire l'objet d'une comparaison. Si les scénarios échappent au contrôle de l'organisation, l'analyse peut aboutir sur une planification de la contingence nécessaire et efficace.

En général, les scénarios incluent des évaluations optimistes, les plus probables et pessimistes. La représentation des scénarios optimistes et pessimistes peut être utile, car elle sensibilise les responsables aux avantages et inconvénients potentiels associés au portefeuille, au programme ou au projet.

X6.5.5 SIMULATION

La simulation est une technique d'estimation des bénéfices et des implications de différents plans de réponse par rapport aux efforts et aux coûts requis pour leur mise en œuvre. Les simulations peuvent également aider à analyser les répercussions possibles sur la chaîne critique des projets lors de la mise en œuvre de plusieurs options de réponses aux risques.

X6.6 MISE EN ŒUVRE DE PLANS DE RÉPONSE

La technique la plus courante pour concrétiser des plans de réponses préventives est de les ajouter au plan de management de portefeuille, de programme ou de projet. Certaines techniques de planification effectuent un suivi et distinguent les tâches des actions liées aux plans de réponse. En revanche, d'autres techniques de planification ne distinguent pas les tâches des réponses aux risques des autres tâches.

X6.7 MAÎTRISE DES RISQUES

Le processus Maîtriser les risques garantit l'application des réponses aux risques, vérifie leur efficacité et met en place des actions correctives, si nécessaire. Les sections X6.7.1 à X6.7.10 décrivent les techniques de maîtrise des risques durant tout le cycle de vie du portefeuille, du programme ou du projet.

X6.7.1 ANALYSE DES DONNÉES

L'analyse des données soutient l'étude des types de risques connus en analysant la documentation et les données connexes qui s'appliquent à un portefeuille, un programme ou un projet donné. Dans l'analyse des données directes, la question et les types de risques étudiés sont prédéfinis, tout comme les relations entre les différents types de risques, mais aussi leurs cause et effet. Le recours aux mégadonnées, aux analyses avancées ou à l'intelligence artificielle pour étudier les types de risques inconnus constitue une forme d'analyse avancée des données.

X6.7.2 ANALYSE DE LA RÉSERVE

L'analyse de la réserve est une technique analytique utilisée pour déterminer les caractéristiques et les relations essentielles entre les éléments dans le plan de management du travail, afin de définir une réserve pour la durée de l'échéancier, le budget, l'estimation du coût ou les fonds prévus. Le suivi de l'état de la réserve à travers l'exécution fournit des informations succinctes sur l'évolution des risques correspondants. Ces informations peuvent être utiles lors des comptes rendus de la structure de gestion de l'organisation aux supérieurs hiérarchiques. De plus, lorsqu'un risque survient ou cesse d'être d'actualité (lorsqu'il n'a plus d'impact), la réserve correspondante doit être revue pour évaluer si elle assure toujours le même niveau de confiance convenu.

X6.7.3 ANALYSE DES IMPACTS RÉSIDUELS

La mise en œuvre d'un plan de réponse entraîne des risques résiduels ou un risque émergent. L'analyse des impacts résiduels sert à identifier les effets secondaires de l'exécution d'un plan de réponse.

X6.7.4 AUDIT DES RISQUES

Les audits des risques ont pour but d'évaluer ce qui suit :

- les règles de gestion des risques sont appliquées tel que spécifié ;
- les règles de gestion des risques sont suffisantes pour contrôler le travail.

Les annexes X3, X4 et X5 portent sur les métriques utiles à l'élaboration et à la définition de contrôles pour la gouvernance de la gestion des risques du portefeuille, du programme et du projet. Ces contrôles deviennent par la suite des critères pour un audit.

X6.7.5 ORGANIGRAMME DES RISQUES

L'organigramme des risques est (RBS – Risk Breakdown Structure) un cadre hiérarchique des sources potentielles de risque. Une organisation peut créer un organigramme des risques générique ou spécifique. Cet organigramme aide à identifier certains risques par rapport à leur catégorie et propose un cadre pour d'autres techniques d'identification des risques, comme le brainstorming. De plus, il contribue à couvrir tous les types de risque et détecte les omissions. Un exemple d'organigramme des risques générique d'un projet est illustré à la figure X6-1.

RBS NIVEAU 0	RBS NIVEAU 1	RBS NIVEAU 2
TOUTES LES SOURCES DE RISQUE DU PROJET	1. RISQUE TECHNIQUE	1.1 Définition du périmètre
		1.2 Définition des exigences
		1.3 Estimations, hypothèses et contraintes
		1.4 Processus techniques
		1.5 Technologie
		1.6 Interfaces techniques
		Etc.
	2. GESTION DES RISQUES	2.1 Management de projet
		2.2 Management de programme/portefeuille
		2.3 Gestion des opérations
		2.4 Organisation
		2.5 Ressources
		2.6 Communication
		Etc.
	3. RISQUE COMMERCIAL	3.1 Conditions générales du contrat
		3.2 Approvisionnements internes
		3.3 Fournisseurs et vendeurs
		3.4 Contrats de sous-traitance
		3.5 Stabilité du client
		3.6 Partenariats et joint ventures
		Etc.
	4. RISQUE EXTERNE	4.1 Législation
		4.2 Taux de change
		4.3 Site/installations
		4.4 Environnement/météo
		4.5 Concurrence
		4.6 Réglementaire
		Etc.

Figure X6-16. Exemple de structure d'un organigramme des risques générique d'un projet.

X6.7.6 ÉVALUATION DES RISQUES

Lors de l'évaluation des risques, les activités suivantes doivent être estimées et validées de nouveau afin de garantir un contrôle efficace :

- identification des nouveaux risques ;
- évaluation des risques actuels ;
- évaluation des processus de gestion des risques ;
- clôture des risques.

X6.7.7 ANALYSE DE SENSIBILITÉ

L'analyse de sensibilité est l'évaluation de l'effet sur une variable par une ou plusieurs variables d'influence. Souvent utilisée comme technique de maîtrise des risques, cette analyse sert à identifier l'impact possible sur un objectif donné si un ou plusieurs risques se concrétisent.

X6.7.8 RÉUNIONS D'AVANCEMENT

Les réunions d'avancement incluent le passage en revue de tous les risques en suspens et de toutes les conditions de déclenchement survenues, pour lesquelles les risques deviennent des points à traiter. Les risques traités par le passé, l'efficacité des mesures prises, les impacts sur le portefeuille, le programme ou le projet et les retours d'expérience sont consignés dans un système de gestion des connaissances.

X6.7.9 ANALYSE DE LA TENDANCE

L'analyse de la tendance évalue la façon dont le profil de risque change au fil du temps, si les précédentes actions ont abouti ou non à l'effet escompté, et si des actions supplémentaires sont nécessaires ou non.

X6.7.10 ANALYSE DES ÉCARTS

L'analyse des écarts compare les résultats planifiés et les résultats réels. L'incertitude et le risque augmentent à mesure que les écarts se creusent. Les résultats de cette analyse prévoient tout futur écart potentiel par rapport au plan de référence avant son achèvement. L'écart par rapport au plan de référence peut indiquer l'impact potentiel des menaces ou des opportunités.

X6.8 RÉSUMÉ DES TECHNIQUES DE GESTION DES RISQUES

Le tableau X6-1 recense les techniques de gestion des risques des portefeuilles, des programmes et des projets. Cette liste n'est pas exhaustive. Par ailleurs, il n'est pas nécessaire d'utiliser l'ensemble des techniques.

Les en-têtes de colonne représentent les différents processus de gestion des risques traités à la section 4 du standard. Sont également indiqués quelques avantages et inconvénients de chaque technique. Chaque cellule comporte une lettre qui correspond à une évaluation subjective de l'importance de chaque technique pour le processus de gestion des risques. Dans ce même tableau, la lettre « E » correspond à *essentielle* et signifie que l'utilisation de cette technique est reconnue comme utile dans le contexte d'un processus donné ; la lettre « C » correspond à *complémentaire* et signifie que la technique peut fournir des informations utiles pour un processus donné.

Tableau X6-1. Matrice des techniques de gestion des risques associées aux étapes du cycle de vie de la gestion des risques.

Technique	Identification des risques	Analyse qualitative des risques	Analyse quantitative des risques	Planification de la réponse	Maîtrise des risques	Avantages	Inconvénients
Diagrammes d'affinité		C		C		• Permet de regrouper les idées par attribut commun.	• Peut ne pas refléter les nuances des risques individuels.
Processus de hiérarchie analytique		E	C			• Aide à élaborer une pondération relative pour les objectifs qui reflètent les priorités de l'organisation. • Aide à la création d'une liste globale des risques prioritaires à partir de la priorité des risques par rapport aux objectifs individuels.	• Les décisions de l'organisation sont souvent prises par des comités ; des désaccords peuvent exister quant à la priorité relative des objectifs. • Il peut être difficile de collecter les informations sur la comparaison par paires des objectifs auprès de la haute direction.
Évaluation d'autres paramètres liés aux risques		E		C	C	• Donne d'autres perspectives sur les risques. • Aide à planifier les actions au bon moment. • Aide à identifier les besoins supplémentaires de surveillance des mécanismes.	• Pourrait compliquer l'analyse qualitative des risques.
Analyse des hypothèses et des contraintes	E	C			C	• Approche structurée et simple. • Peut être fondée sur des hypothèses et des contraintes déjà recensées dans la charte. • Génère des risques spécifiques au travail.	• Les hypothèses ou contraintes implicites/cachées passent souvent inaperçues.
Brainstorming	E			C		• Permet à tous les participants de dire ce qu'ils pensent et favorise la discussion. • Peut impliquer toutes les principales parties prenantes. • Génération créative d'idées.	• Nécessite la présence des principales parties prenantes à un atelier ; par conséquent, il peut être coûteux et difficile à organiser. • Exposé à la pensée et aux autres dynamiques de groupe. • Peut produire des résultats biaisés si une personne forte prend le dessus. • Souvent mal animé. • Génère des événements qui ne sont pas des risques et des doublons ; nécessite un filtrage.
Diagrammes cause-effet (Ishikawa)	E	C		C		• Représentation visuelle ; favorise la réflexion	• Le diagramme peut rapidement devenir trop complexe.

(suite)

Tableau X6-1. ***(suite)***

Technique	Identification des risques	Analyse qualitative des risques	Analyse quantitative des risques	Planification de la réponse	Maîtrise des risques	Avantages	Inconvénients
Checklists	E	C		C		• Rend compte des précédentes expériences. • Présente une liste détaillée des risques.	• La checklist peut s'allonger et devenir trop difficile à gérer. • Les risques qui ne figurent pas sur la liste ne seront pas pris en considération. • Souvent, elle comprend uniquement les menaces et ignore les opportunités.
Planification de la contingence		C	C	E		• Veille à ce que des actions soient envisageables pour affronter des événements importants avant leur apparition. • Permet une réponse rapide et ciblée. • Améliore l'image du professionnalisme dans la façon dont le travail est géré.	• Peut donner une fausse impression de confiance, comme si le risque avait été évité.
Estimation de la réserve pour aléa			E	C	C	• Fournit une justification pour la constitution de réserves. • Base d'une discussion constructive avec le sponsor.	• Rend la réserve visible et peut donc être réduite de façon arbitraire.
Analyse des données	C		C		E	• Permet une analyse complexe. • Fournit des informations qui n'auraient autrement pas pu être mises en évidence.	• Nécessite d'investir d'importantes ressources. • Dépend de la cohérence des données obtenues.
Analyse par arbre de décision		C	E	E		• Oblige l'organisation à structurer les coûts et les avantages des décisions lorsque les résultats sont déterminés en partie par l'incertitude et le risque. • La solution de l'arbre de décision aide à choisir la décision qui garantit la valeur monétaire ou l'utilité attendue la plus élevée à l'organisation.	• Il est parfois difficile de créer la structure de décision. • Les probabilités d'occurrence peuvent être difficiles à quantifier en l'absence de données historiques. • La meilleure décision peut changer si les données obtenues évoluent. Autrement dit, la réponse n'est pas fixe. • L'organisation peut prendre des décisions fondées non pas sur une base de valeur monétaire attendue linéaire, mais plutôt sur une fonction d'utilité non linéaire ; il est difficile de spécifier les fonctions d'utilité. • L'analyse par arbre de décision de situations compliquées nécessite un logiciel spécialisé. • Le recours à des approches techniques de la prise de décision peut susciter une certaine résistance.

Méthode de Delphes	E	C		C		• Saisit les contributions des experts techniques. • Supprime les sources de préjugé.	• Limitée aux risques techniques. • Dépend de la compétence des experts. • Peut nécessiter plus de temps que nécessaire en raison des itérations des contributions des experts.
Revue documentaire	E					• Expose les risques en détail. • Ne nécessite aucun outil spécialisé.	• Limitée aux risques contenus dans la documentation.
Techniques d'estimation appliquées à la probabilité et à l'impact		E	E	C		• Présentent les principales dimensions d'un risque, notamment son degré d'incertitude (exprimé sous forme de probabilité) et son influence sur les objectifs (exprimée sous forme d'impact).	• Difficiles à ajuster en l'absence de base de données historiques d'événements similaires. • Les termes utilisés pour désigner la probabilité (par exemple, probable, presque certain) et l'impact (par exemple, insignifiant, majeur) sont ambigus et subjectifs. • Les impacts peuvent être incertains ou représentés par une plage de valeurs qui ne peut pas être définie par un niveau d'impact spécifique comme « impact modéré sur le temps ».
Valeur monétaire attendue			E			• Permet à l'utilisateur de calculer la valeur moyenne pondérée (attendue) d'un événement assorti de résultats incertains. • Adaptée à l'analyse par arbre de décision. • Intègre la probabilité et l'impact d'événements incertains. • La valeur monétaire attendue est un calcul simple qui ne nécessite aucun logiciel spécialisé.	• L'évaluation de la probabilité d'occurrence d'événements à risque et de leur impact peut être difficile à effectuer. • La valeur monétaire attendue fournit uniquement la valeur attendue d'événements incertains ; les décisions relatives aux risques nécessitent souvent plus d'informations que la valeur monétaire attendue peut fournir. • Parfois utilisée dans des situations où la simulation de Monte-Carlo est mieux adaptée et fournit des informations complémentaires sur le risque.
Jugement à dire d'expert	E	E	C	C	C	• Fournit un point de vue empirique. • Une pluralité d'experts accroît l'ampleur et la profondeur.	• Peut être sujet à des partis pris en fonction de l'expérience. • Possibilité d'avoir un point de vue limité.
Facilitation	E			C		• Permet une large participation et divers points de vue.	• Peut prendre beaucoup de temps. • Peut être influencée par la pensée de groupe.
AMDE/AMDEC/arbre de défaillance	E		E	C		• Approche structurée ; bien comprise par les ingénieurs. • Produit une estimation de la fiabilité générale à l'aide d'outils quantitatifs. • Bon support d'outils.	• Axé sur les menaces ; pas très utile pour les opportunités. • Nécessite des outils d'expert qui ne sont généralement pas à la disposition des autres.

(suite)

Tableau X6-1. ***(suite)***

Technique	Identification des risques	Analyse qualitative des risques	Analyse quantitative des risques	Planification de la réponse	Maîtrise des risques	Avantages	Inconvénients
Analyse des champs de force	E	C		C		• Permet une compréhension approfondie des facteurs qui influencent les objectifs.	• Technique complexe qui demande du temps. • En général, elle n'est appliquée qu'à un seul objectif. Par conséquent, elle ne donne pas un aperçu global.
Données historiques	E	E	E	E	C	• S'appuient sur de précédentes expériences. • Évitent de répéter les mêmes erreurs ou de manquer les mêmes opportunités. • Améliorent les actifs organisationnels.	• Limitées aux risques déjà survenus. • Les données sont souvent incomplètes : elles manquent de précisions sur les précédents risques et peuvent ne pas comporter de précisions sur leur résolution réussie ; les stratégies inefficaces sont rarement documentées.
Diagrammes d'influence	E	E		C		• Exposent les facteurs de risques. • Peuvent développer des perspectives contre-intuitives impossibles à obtenir avec d'autres techniques.	• Requièrent une réflexion rigoureuse. • Pas toujours facile à déterminer la structure appropriée.
Entretiens	E				E	• Examinent les risques en détail. • Suscitent un engagement des parties prenantes.	• Demandent du temps. • Mettent en lumière des événements qui ne sont pas des risques, des préoccupations, des problèmes, des inquiétudes, etc. ; par conséquent, ils nécessitent un filtrage.
Simulation de Monte-Carlo			E	C		• Utilisée principalement pour l'échéancier du projet et l'analyse des coûts-risques lors de décisions stratégiques. • Permet à tous les risques spécifiés de varier simultanément. • Calcule des estimations quantitatives du risque global ; reflète la réalité selon laquelle plusieurs risques peuvent survenir ensemble. • Donne des réponses à des questions comme 1) Quelle est la probabilité de réussite du plan de base ? 2) À combien la contingence en matière de temps et de coût doit-elle s'élever pour atteindre notre niveau de confiance souhaité ? 3) Quelles activités sont importantes pour déterminer le risque global ?	• Les échéanciers ne sont pas simples ; souvent, ils ne peuvent pas être utilisés dans une simulation sans qu'un planificateur expert effectue une mise au point importante. • La qualité des données obtenues dépend en grande partie du jugement d'expert, mais aussi de l'effort et de l'expertise de l'analyste des risques. • La simulation se heurte parfois à une résistance de la direction, parce que jugée inutile ou trop compliquée par rapport à d'autres techniques plus traditionnelles. • La simulation de Monte-Carlo nécessite un logiciel spécialisé, qui doit être acheté et étudié, ce qui cause un obstacle à son utilisation. • Produit des résultats peu réalistes sauf si les données obtenues incluent les menaces et les opportunités.

Technique de sélection multicritères		C				• Fournit un moyen de choisir les réponses les plus appropriées pour l'ensemble des objectifs.	• Peut donner des résultats contre-intuitifs.
Technique du groupe nominal	C	E				• Encourage tous les participants à apporter leur contribution. • Permet différents niveaux de compétence dans le langage courant. • Constitue une base idéale pour le diagramme d'affinité (regroupement par catégories de risques utilisé dans l'organigramme des risques et l'analyse des causes fondamentales).	• Peut engendrer des frustrations chez les membres dominants qui estiment la procédure trop lente.
PERT (technique d'évaluation et d'examen de programmes ou de projets)			E	C		• Fournit une vue temporelle des risques. • Utile pour observer le degré à partir duquel un risque prend plus d'ampleur à un moment donné.	• N'a pas de mesure définie de l'impact.
Matrice de probabilité et d'impact		E		C	C	• Permet à l'organisation de hiérarchiser les risques à des fins d'analyse (par exemple, quantitative) ou de réponse aux risques. • Reflète le niveau de tolérance au risque de l'organisation.	• Ne traite pas explicitement d'autres facteurs, comme l'urgence ou la facilité de gestion, susceptibles de déterminer en partie le classement d'un risque. • La marge d'incertitude dans l'évaluation de la probabilité ou de l'impact d'un risque peut dépasser une limite.
Listes rapidess	E			C		• Prennent en considération tous les types de risque. • Stimulent la créativité.	• Les thèmes peuvent être trop abstraits.
Questionnaire	E	C				• Incite à une grande réflexion pour identifier les risques.	• La réussite dépend de la qualité des questions. • Limité aux thèmes traités par les questions. • Peut être une simple restructuration d'une checklist.
Analyse de la réserve		E	E	E	C	• Fournit un moyen de suivre les dépenses et de libérer des montants pour aléas à mesure que les risques prennent fin ; peut être appliquée de la même façon aux réserves d'échéancier. • Permet d'attirer l'attention de manière précoce sur la nécessité de communiquer avec le sponsor.	• Peut attirer une attention injustifiée sur la dimension du coût. • L'attention portée à la mesure globale de l'épuisement de la réserve peut cacher des risques détaillés.

(suite)

Tableau X6-1. *(suite)*

Technique	Identification des risques	Analyse qualitative des risques	Analyse quantitative des risques	Planification de la réponse	Maîtrise des risques	Avantages	Inconvénients
Analyse des impacts résiduels	E			C	C	• Fournit une analyse approfondie des risques	• Favorise une attention sur des risques n'ayant pas un potentiel d'impact important.
Audit de risques	C				E	• Fournit une évaluation formelle du respect de l'approche indiquée dans le plan de gestion des risques.	• Peut perturber et être considéré comme trop subjectif par l'équipe.
Organigramme des risques	E	C	C	C	C	• Offre un cadre à d'autres techniques d'identification des risques, comme le brainstorming. • Prend en considération tous les types de risque. • Détecte les omissions.	• Peut susciter un certain laxisme ; le fait que le risque soit consigné est jugé comme une gestion des risques adéquate.
Évaluation de la qualité des données relatives aux risques		E				• Favorise la prise en considération de la validité des caractéristiques des risques.	• Il peut être difficile de quantifier l'exactitude des données.
Évaluation des risques				C	E	• Impose un passage en revue des risques lorsque cela devient nécessaire afin que le registre des risques reste d'actualité.	• Demande du temps et des efforts.
Analyse des causes fondamentales	E	C	C	E		• Permet une identification des autres risques dépendants. • Permet à l'organisation d'identifier les risques pouvant être liés en raison de leurs causes fondamentales communes. • Base pour élaborer des réponses préventives et globales. • Peut servir à réduire la complexité apparente.	• La plupart des techniques de gestion des risques sont organisées par risque individuel ; cette structure n'est pas propice à l'identification des causes fondamentales. • Peut trop simplifier et cacher l'existence des autres causes potentielles. • Il est possible qu'aucune stratégie valable ne soit disponible pour traiter la cause fondamentale une fois identifiée.
Analyse de scénarios	E	C	C	E		• Donne un aperçu de l'effet potentiel du risque pertinent et la stratégie de réponse correspondante. • Oblige les participants à analyser l'effet de toute stratégie. • Aide à identifier les risques secondaires.	• S'ajoute à la liste des hypothèses. • Peut prendre beaucoup de temps.

Analyse de sensibilité			E	C	C	• Permet une approche structurée de l'évaluation de l'impact potentiel des risques.	• Suggère que les résultats sont absolus parce qu'une mesure quantifiée leur a été donnée.
Simulations	C		E	C		• Permettent une analyse de plusieurs forces autour d'un risque ou d'un ensemble de risques donné.	• Il peut être difficile de créer un modèle complet. • Leur mise en œuvre est souvent coûteuse.
Réunion d'avancement	C				E	• Fournit un moyen de vérifier les informations sur l'état des risques (actifs, survenus, retirés) et de maintenir une compréhension de l'équipe.	• Peut sembler inutile pour certains participants.
Analyse SWOT	E	C		C		• Porte une attention égale aux menaces et aux opportunités. • Offre une approche structurée pour identifier les menaces et les opportunités. • Porte sur les facteurs internes (forces et faiblesses de l'organisation) et externes (opportunités et menaces).	• Axée sur les risques générés en interne provenant des forces et des faiblesses de l'organisation ; exclut les risques externes. • Tend à produire des risques génériques.
Dynamiques du système	E	E		C		• Mettent en lumière les interrelations inattendues entre les éléments (boucles de rétroaction et d'anticipation). • Peuvent développer des perspectives contre-intuitives impossibles à obtenir avec d'autres techniques. • Produisent des impacts globaux de tous les risques intégrés.	• Requièrent un logiciel spécialisé et une expertise pour créer des modèles. • Se concentrent sur les impacts, mais le concept de probabilité est difficile à intégrer.
Analyse de la tendance	C				E	• Fournit une indication de l'efficacité des précédentes réponses. • Peut fournir des conditions de déclenchement pour les réponses.	• Nécessite une connaissance de l'écart significatif et non significatif.
Analyse des écarts	C				E	• Permet de comparer les impacts prévus et réels des risques. • Peut fournir des conditions de déclenchement pour les réponses. • Fournit des données pour l'analyse de la valeur acquise, qui peuvent être comparées aux résultats de l'analyse quantitative des risques.	• Ne fait apparaître aucun lien avec les précédentes données. • Les valeurs peuvent être sorties de leur contexte.

ANNEXE X7
CONSIDÉRATIONS RELATIVES À LA GESTION DES RISQUES D'ENTREPRISE POUR LA GESTION DES RISQUES DU PORTEFEUILLE, DU PROGRAMME ET DU PROJET

La gestion des risques d'entreprise considère tous les risques d'une organisation comme un ensemble lié. Il s'agit d'une méthode systématique, organisée et structurée pour examiner et mesurer tous les risques auxquels une organisation est exposée, élaborer des réponses adaptées et enfin communiquer, suivre et gérer ces réponses afin qu'elles rejoignent les objectifs stratégiques de l'organisation. Pour que la gestion des risques d'entreprise produise le maximum d'effets positifs, l'entreprise doit absolument adopter une approche commune de la gestion des risques.

Cette approche permet de normaliser et d'agréger tous les risques, qu'il s'agisse d'un portefeuille, d'un programme ou d'un projet. Lorsque les risques sont agrégés, leur position peut être indiquée pour toute partie de l'organisation. Cette démarche est essentielle pour comprendre la proximité de l'organisation par rapport à son appétence et à sa tolérance au risque.

Le processus de gestion des risques utilisé à chaque niveau de l'organisation doit être approprié, évolutif et flexible. Autrement dit, il doit avoir une approche graduelle du risque. Aux niveaux inférieurs de l'organisation ou pour les très petites organisations, le processus de gestion des risques peut être très simple et tout à fait qualitatif. Aux niveaux supérieurs de l'organisation, le processus de gestion des risques devra sans doute être plus élaboré, en raison des décisions fondées sur le risque qui sont prises. Aussi différents que ces deux contextes puissent paraître, ils peuvent avoir recours à un même processus adapté à leurs besoins.

Pour les organisations plus grandes, la gestion des risques d'entreprise est, en général, un processus descendant et ascendant dans le cadre duquel des comités d'analyse des risques sont actifs à plusieurs niveaux de l'organisation. Chaque niveau dispose de critères d'escalade établis afin de déterminer les risques qu'il convient de transmettre au niveau supérieur. En général, on procède à une escalade pour deux raisons : faire prendre connaissance de la situation ou déclencher une chaîne d'aide nécessaire pour gérer le risque. Par exemple, un des projets du programme peut être confronté à un risque qui menace les données de sortie planifiées du projet, mais est également susceptible d'avoir des répercussions sur les bénéfices du programme. Inversement, le risque peut tomber en cascade depuis le sommet de l'organisation jusqu'à ses niveaux inférieurs par les mêmes canaux de communication.

Les portefeuilles, les programmes et les projets reflètent les principaux aspects de la gestion des risques d'entreprise dans la mesure où elle soutient la définition et la gestion des stratégies et des objectifs de l'organisation. Les risques des portefeuilles, des programmes et des projets doivent être considérés comme des risques pour l'entreprise pouvant entraîner des changements au niveau des objectifs voire des stratégies de l'organisation. Le processus d'alignement entre la gestion des risques d'entreprise et le portefeuille de programmes et de projets pourrait se traduire soit par une élévation des risques du portefeuille de programmes et de projets au niveau de la gestion des risques d'entreprise, soit par l'ajout d'une évaluation descendante des risques au niveau du portefeuille de programmes et de projets. Les risques entre les programmes, mais aussi entre les projets, pourraient également être le résultat du processus d'alignement. La hiérarchisation, les probabilités et les impacts des risques escaladés, répercutés ou identifiés durant le processus d'alignement peuvent varier d'un niveau à un autre. Ils peuvent perdre ou prendre de l'ampleur, ou alors rester stables. L'alignement entre la gestion des risques d'entreprise et les risques du portefeuille, du programme et du projet doit être revu lorsque des changements sont apportés à la gestion des risques d'entreprise, au portefeuille de programmes et de projets, ainsi que dans le cadre des processus de maîtrise des risques.

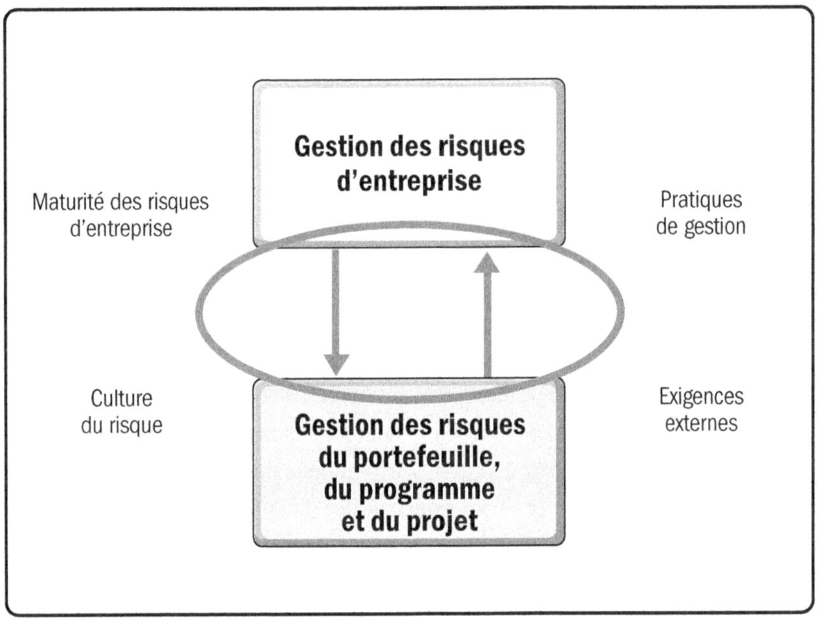

Figure X7-1. Éléments contribuant au degré d'alignement entre la gestion des risques d'entreprise et la gestion des risques du portefeuille, du programme et du projet.

Le lien entre les indicateurs de la gestion des risques d'entreprise et les indicateurs des risques du portefeuille, du programme et du projet dépend du degré d'intégration et d'alignement. Les indicateurs associés à la stratégie et aux objectifs de l'organisation pourraient être répercutés sur les risques du portefeuille afin de promouvoir l'intégration des indicateurs de la gestion des risques d'entreprise et le lien avec les objectifs de l'entreprise.

La gestion des risques d'entreprise est une approche de la gestion des risques qui reflète la culture, la capacité et la stratégie de création et de préservation de la valeur de l'organisation (voir la figure X7-1). Les avantages de la gestion des risques d'entreprise rejoignent en grande partie ceux de la gestion des risques du portefeuille. La gestion des risques d'entreprise soutient la mission, la vision, les valeurs fondamentales et la stratégie de l'organisation. Elle repose sur l'appétence au risque de l'organisation et soutient les grands aspects de la stratégie et des objectifs, ainsi que certains buts susceptibles d'être importants pour la réussite de l'organisation. La gestion des risques d'entreprise a d'autres objectifs, notamment :

- la hiérarchisation des ressources ;
- l'élaboration d'une stratégie ;
- la protection des objectifs stratégiques ;
- la protection de la valeur existante ;
- la stimulation de la rentabilité et de la croissance à l'aide des techniques de gestion des risques afin de créer de la valeur ;
- la garantie du respect des réglementations afin de protéger l'organisation d'une intervention réglementaire négative et d'éviter des sanctions.

La gestion des risques d'entreprise illustre les compromis entre les bénéfices et leur niveau d'exposition aux risques. Elle examine différents scénarios et leur niveau de risques correspondant. La perspective des portefeuilles, des programmes et des projets selon la gestion des risques d'entreprise est un scénario choisi parmi plusieurs options de résultat du risque, chacune avec son propre niveau de confiance et ses risques associés. Lorsque la gestion des risques d'entreprise est entièrement intégrée à la gestion de l'organisation et sa culture, elle lui apporte de la clarté et dissipe ses incertitudes.

ANNEXE X8
CLASSIFICATION DES RISQUES

Les risques potentiels peuvent être classés dans l'un des quatre quadrants en fonction des informations à disposition mais aussi du degré d'ambiguïté et de variabilité (voir la section 3.3.1 et la figure 3-3). Les organisations s'efforcent de réduire le degré des facteurs inconnus afin qu'ils puissent être convertis progressivement en connus-connus ou, du moins, en connus-inconnus. Cette annexe décrit ce concept présenté à la section 3 de ce standard.

- **Connu-connu.** Un connu-connu est un fait, non un risque. En général, ils sont identifiés dans le cadre des exigences et du périmètre. L'entité chargée de la tâche est informée de ces faits, qui sont intégrés au périmètre du portefeuille, du programme ou du projet.

- **Connu-inconnu.** Un connu-inconnu est un risque identifié. L'entité chargée de la tâche est informée de l'événement incertain et des conséquences potentielles. Les risques connus-inconnus sont identifiés et gérés de façon proactive.

- **Inconnu-connu.** Un inconnu-connu est un fait caché. L'entité pourrait avoir connaissance du fait, mais ne pas en être informée au moment d'accomplir la tâche. Une hypothèse cachée ou ignorée est un exemple d'inconnu-connu. L'identification, l'évaluation et le développement d'une solide compréhension des risques inconnus-connus s'effectuent au fil du temps. Les activités complexes et innovantes s'accompagnent d'une grande part d'approximation où les risques peuvent être identifiés, mais avec une visibilité limitée. En général, les inconnus-connus sont traités au moyen d'une élaboration progressive des risques intégrée à l'exécution de la tâche.

- **Inconnu-inconnu.** Les risques inconnus-inconnus peuvent être des risques émergents non connus dans le contexte du management de portefeuille, de programme et de projet. L'absence de connaissances rend impossible une évaluation ou un examen quelconque. Les inconnus-inconnus peuvent être gérés grâce à la résilience de l'organisation. En raison de leur caractère imprévisible, les organisations résilientes incitent à faire des recherches, suscitent une prise de conscience, encouragent les équipes à remettre en question le statu quo et favorisent l'échange d'informations. Ces actions repoussent les limites de l'influence et préparent les organisations à mieux affronter et à se remettre de tels événements.

RÉFÉRENCES

[1] Project Management Institute. 2015. *Pulse of the Profession® Report: Capturing the Value of Project Management*, p. 15. Newton Square, PA: auteur.

[2] Project Management Institute. 2017. *The Standard for Portfolio Management* – Quatrième édition. Newton Square, PA: auteur.

[3] Project Management Institute. 2017. *Le Standard de management de programme* – Quatrième édition. Newton Square, PA: auteur.

[4] Project Management Institute. 2017. *Guide du Corpus des connaissances en management de projet (Guide PMBOK®)* – Sixième édition Newton Square, PA: auteur.

[5] Project Management Institute. 2014. *Navigating Complexity: A Practice Guide.* Newton Square, PA: auteur.

GLOSSAIRE

Acceptation du risque / Risk Acceptance. Une réponse aux risques qui consiste à tenir compte du risque et à agir uniquement s'il survient. Voir aussi *atténuation des risques, augmentation des opportunités, évitement du risque, exploitation des opportunités, partage des opportunités* et *transfert des risques.*

Action sur le risque / Risk Action. Une tâche détaillée visant à mettre en œuvre, en totalité ou en partie, une stratégie de réponse afin de faire face à un risque individuel ou global.

Analyse des risques / Risk Analysis. Les activités liées à la définition des caractéristiques d'un risque et de son influence sur les objectifs.

Analyse qualitative des risques / Qualitative Risk Analysis. La prise en considération de diverses caractéristiques, comme la probabilité d'occurrence, le degré d'impact sur les objectifs, la gérabilité, l'échelonnement des impacts possibles, les liens avec les autres risques et les causes ou effets courants.

Analyse quantitative des risques / Quantitative Risk Analysis. L'effet combiné des risques identifiés sur le résultat souhaité.

Appétence au risque / Risk Appetite. Degré d'incertitude qu'une organisation ou une personne est disposée à accepter dans l'anticipation d'un avantage. Voir aussi *seuil de risque* et *tolérance au risque.*

Atténuation des risques / Risk Mitigation. Une réponse aux risques qui consiste à diminuer la probabilité ou l'impact d'une menace. Voir aussi *acceptation du risque, augmentation des opportunités, évitement du risque, exploitation des opportunités, partage des opportunités* et *transfert des risques.*

Attitude face au risque / Risk Attitude. Une approche vis-à-vis de l'incertitude, adoptée de façon explicite ou implicite par des personnes et des groupes, motivée par la perception et démontrée par un comportement observable.

Augmentation des opportunités / Risk Enhancement. Une réponse aux risques qui consiste à augmenter la probabilité d'occurrence ou l'impact d'une opportunité.

Cadre de gestion des risques / Risk Management Framework. Une structure qui organise le processus et les activités de gestion des risques de façon itérative.

Cause / Cause. Événements ou circonstances qui existent déjà ou ont de grandes chances de se produire à l'avenir et sont susceptibles d'entraîner des risques.

Chargé de l'action sur le risque / Risk Action Owner. La ou les personnes responsables de la mise en œuvre des actions approuvées en réponse à un risque donné. Également appelé *chargé de réponse.*

Chargé de risque / Risk Owner. Personne responsable de la maîtrise du risque, mais aussi de la sélection et de l'application d'une stratégie de réponse aux risques appropriée.

Composant / Component. Un élément prédéterminé d'un portefeuille ou d'un programme qui est un travail lié à la réalisation des objectifs stratégiques du portefeuille ou du programme.

Condition de déclenchement / Trigger Condition. Un événement ou situation indiquant qu'un risque est sur le point de se concrétiser.

Contrainte / Constraint. Un facteur qui limite les options de management d'un projet, d'un programme, d'un portefeuille ou d'un processus.

Cycle de vie de la gestion des risques / Risk Management Life Cycle. Une approche structurée permettant d'obtenir une vue d'ensemble du risque dans les domaines de l'entreprise, du portefeuille, du programme et du projet.

Escalade des risques / Risk Escalation. Une réponse aux risques qui consiste à transférer la responsabilité du risque à une entité concernée de l'organisation, car le risque n'entre pas dans le périmètre ou l'équipe ne dispose pas de l'autorité suffisante pour y faire face.

Évaluation du risque / Risk Assessment. Le processus d'identification, d'analyse et d'évaluation de la probabilité d'occurrence d'un risque.

Évitement du risque / Risk Avoidance. Une réponse aux risques qui consiste à éliminer la menace ou à protéger le projet, le programme ou le portefeuille de son impact. Voir aussi *acceptation du risque, atténuation des risques, augmentation des opportunités, exploitation des opportunités, partage des opportunités* et *transfert des risques.*

Exploitation des opportunités / Risk Exploiting. Une réponse aux risques qui consiste à s'assurer qu'une opportunité se présente. Voir aussi *acceptation du risque, atténuation des risques, augmentation des opportunités, évitement du risque, partage des opportunités* et *transfert des risques.*

Exposition aux risques / Risk Exposure. Mesure totale de l'impact potentiel de tous les risques à un moment donné d'un projet, d'un programme ou d'un portefeuille.

Gestion des risques / Risk Management. Le processus qui oriente la prise de décision au niveau de l'organisation et de tous les domaines. Il consiste à identifier, analyser, gérer et suivre les risques.

Gestion des risques d'entreprise / Enterprise Risk Management. Une approche de la gestion des risques qui reflète la culture, la capacité et la stratégie de l'organisation pour créer de la valeur et la pérenniser.

Hypothèse / Assumption. Un facteur qui, dans le processus de planification, est considéré comme vrai, réel ou certain, sans preuve ni démonstration.

Identification des risques / Risk Identification. Le processus qui consiste à localiser et à établir le profil des caractéristiques des risques liés aux objectifs du travail.

Identifier les risques / Identify Risks. Le processus de détermination et de documentation des risques pouvant avoir des répercussions sur les résultats.

Impact / Impact. Une mesure de l'effet d'un risque sur un ou plusieurs objectifs s'il se produit.

Management de portefeuille / Portfolio Management. Le management centralisé d'un ou de plusieurs portefeuilles afin d'atteindre des objectifs stratégiques. Voir aussi *management de programme* et *management de projet.*

Management de programme / Program Management. L'utilisation de connaissances, de compétences et de principes nécessaires pour atteindre les objectifs d'un programme et ainsi pour obtenir des bénéfices et une maîtrise qui vont au-delà d'une gestion individuelle des composants du programme. Voir aussi *management de portefeuille* et *management de projet.*

Management de projet / Project Management. Application de connaissances, de compétences, d'outils et de techniques aux activités du projet afin d'en respecter les exigences. Voir aussi *management de portefeuille* et *management de programme.*

Management de projet organisationnel / Organizational Project Management. Un cadre où le management de portefeuille, de programme et de projet est intégré aux procédures organisationnelles en vue d'atteindre les objectifs stratégiques.

Menace / Threat. Risque qui aurait un impact négatif sur un ou plusieurs objectifs. Voir aussi *opportunité, point à traiter* et *risque.*

Opportunité / Opportunity. Risque qui aurait un impact positif sur un ou plusieurs objectifs. Voir aussi *menace, point à traiter,* et *risque.*

Partage des opportunités / Risk Sharing. Une réponse aux risques consistant à attribuer la responsabilité d'une opportunité à un tiers qui est le plus à même de bénéficier de ses avantages ou d'absorber l'impact de la menace. Voir aussi *acceptation du risque, atténuation des risques, augmentation des opportunités, évitement du risque, exploitation des opportunités,* et *transfert des risques.*

Partie prenante / Stakeholder. Un Individu, un groupe ou un organisme qui peut affecter, être affecté ou se croire affecté par une décision, une activité ou le résultat d'un projet, d'un programme ou d'un portefeuille.

Plan de contingence / Contingency Plan. Un document décrivant les mesures à prendre lorsque des conditions de déclenchement prédéterminées sont réunies.

Plan de gestion des risques / Risk Management Plan. Un élément du plan de management du projet, du programme ou du portefeuille qui décrit comment les activités de gestion des risques seront structurées et réalisées.

Point à traiter / Issue. Une menace actuelle susceptible d'influer sur un ou plusieurs objectifs du projet. Voir aussi *opportunité, risque* et *menace.*

Portefeuille / Portfolio. Projets, programmes, portefeuilles subsidiaires et opérations gérés en tant qu'ensemble afin d'atteindre des objectifs stratégiques. Voir aussi *programme* et *projet.*

Probabilité / Probability. Une mesure de la probabilité d'occurrence d'un risque individuel.

Programme / Program. Projets, programmes subsidiaires et activités de programme apparentés dont le management est coordonné afin d'obtenir des bénéfices qui ne pourraient être obtenus en les traitant séparément. Voir aussi *portefeuille* et *projet.*

Projet / Project. Initiative temporaire initiée dans le but de fournir un produit, un service ou un résultat unique. Voir aussi *portefeuille* et *programme.*

Registre des risques / Risk Register. Document dans lequel les données de sortie des processus de gestion des risques sont consignées.

Réponse aux risques / Risk Response. Une action, planifiée ou mise en œuvre, pour faire face à des menaces et des opportunités particulières.

Réserve pour aléa / Contingency Reserve. Temps ou argent consacré aux risques identifiés, dans la référence de base des coûts ou de l'échéancier, accompagné de stratégies de réponse actives. Voir aussi *réserve pour imprévus.*

Réserve pour imprévus / Management Reserve. Temps ou argent que la direction met de côté en plus de la référence de base des coûts ou de l'échéancier et qu'elle met à disposition pour les travaux non prévus qui sont dans le périmètre du projet. Voir aussi *réserve pour aléa.*

Risque / Risk. Événement ou condition probable dont l'occurrence aurait un impact positif ou négatif sur un ou plusieurs objectifs. Voir aussi *menace, opportunité* et *point à traiter.*

Risque émergent / Emergent Risk. Un risque qui survient sans avoir pu être identifié plus tôt.

Risque global / Overall Risk. L'effet de l'incertitude sur le portefeuille, le programme ou le projet dans son ensemble.

Risque résiduel / Residual Risk. Risque qui persiste après l'application des stratégies de réponse. Voir aussi *risque secondaire.*

Risque secondaire / Secondary Risk. Risque résultant directement de l'application d'une réponse à un risque. Voir aussi *risque résiduel.*

Seuil de risque / Risk Threshold. Mesure de l'écart acceptable vis-à-vis d'un objectif qui reflète l'appétence au risque de l'organisation et des parties prenantes. Voir aussi *appétence au risque* et *tolérance au risque.*

Stratégie de réponse / Response Strategy. Une approche générale de gestion d'un risque individuel ou global, décomposée en un ensemble d'actions sur le risque.

Transfert des risques / Risk Transference. Une réponse aux risques qui consiste à déplacer vers un tiers l'impact d'une menace et la responsabilité de la réponse. Voir aussi *acceptation du risque, atténuation des risques, augmentation des opportunités, évitement du risque, exploitation des opportunités* et *partage des opportunités.*

INDEX

A

B

C

D

E

F

G

I

M

N

O

P

R

S

T

V